Simone Gutacker

Albert Kalthoff (1850 -1906) - Band IV

Simone Gutacker

Albert Kalthoff (1850 -1906) - Band IV

Literaturverzeichnis

Fromm Verlag

Imprint
Any brand names and product names mentioned in this book are subject to trademark, brand or patent protection and are trademarks or registered trademarks of their respective holders. The use of brand names, product names, common names, trade names, product descriptions etc. even without a particular marking in this work is in no way to be construed to mean that such names may be regarded as unrestricted in respect of trademark and brand protection legislation and could thus be used by anyone.

Cover image: www.ingimage.com

Publisher:
Fromm Verlag
is a trademark of
International Book Market Service Ltd., member of OmniScriptum Publishing Group
17 Meldrum Street, Beau Bassin 71504, Mauritius

Printed at: see last page
ISBN: 978-620-2-44218-3

Printed by Books on Demand GmbH, Norderstedt / Germany

Inhaltsverzeichnis:

I. Predigten von Kalthoff:

- Das Amt des neuen Testaments. Antrittspredigt gehalten am 7. Oktober 1888 zu St. Martini in Bremen über II. Cor. 3 5 u. 6 von Dr. Kalthoff, Pastor, Bremen 1888.

- Ein Aufruf an das deutsche Volksgewissen! Predigt gehalten am Bußtage, den 7. Mai 1879 im oberen Saale der Reichshallen zu Berlin von Dr. Kalthoff, Prediger, Berlin 1879.

- Bußtagpredigt, Bremen 1903.

- Der gekreuzigte Christus. Predigt über I. Cor. I, 23-24, gehalten am Charfreitag 1879 im oberen Saale der Reichshallen zu Berlin von Dr. Kalthoff, Prediger, Berlin 1879.

- Die Einheit des Christenthums und die Vielheit der kirchlichen Confessionen. Predigt, gehalten am Sonntag, den 10. August 1879 im oberen Saale der Reichshallen zu Berlin von Dr. Kalthoff, Prediger, Berlin 1879.

- Das Christusproblem, Bremen 1903.

- Die Einheit des Christenthums und die Vielheit der kirchlichen Confessionen. Predigt gehalten am Sonntag, den 10. August 1879, zu Berlin im oberen Saale der Reichshallen von Dr. Albert Kalthoff, Prediger, Berlin 1879.

- Zur Erinnerung an meine Frau Eugenie Kalthoff geb. Schulz, und als Dank für alle bei ihrem Tode erwiesene Liebe und Teilnahme [Leichenpredigt], 30. Januar 1884, Bremen 1884.

- Erziehung zum Wortemachen. Aus einer Predigt von A. Kalthoff über „Erziehung in der Erstlingszeit", in: Steudel, Fr. (Hg.), Mitteilungen des Elternbundes für Schulreform, 1. Jg., Nr. 3, Bremen 1909, 17f.

- Evangelium Matthäi 23, Bremen 1903.

- Was dient zum Frieden unseres Volkes? Predigt über Luc. XIX, 46-48, gehalten am 9. März 1879 im oberen Saale der Reichshallen zu Berlin von Dr. Kalthoff, Prediger, Berlin 1879.

- Wisset ihr nicht, welches Geistes Kinder ihr seid? Predigt über Luc. IX, 25-26, gehalten am 4. Mai 1879 im oberen Saale der Reichshallen zu Berlin von Dr. Kalthoff, Prediger, Berlin 1879.

- Gesetz und Evangelium. Predigt über Galater 1,8, gehalten am 18. Sonntage nach Trin. in der St. Markuskirche zu Berlin, Berlin 1876.

- Die Gesinnung Jesu. Predigt gehalten im Protestantischen Reform-Verein zu Berlin am 16. Oktober 1887 von Dr. Kalthoff, Pfarrer an der evangelischen Gemeinde zu Rheinfelden, Berlin 1887.

- Geschichte des israelitischen Volkes. Predigtreihe von Albert Kalthoff vom 19. August 1900.

- Kaisers Geburtstag. Freiheit, Bremen 1903.

- Vom häuslichen Leben. Nachgelassene Predigten von Albert Kalthoff herausgegeben von Friedrich Steudel, als Manuskript für Freunde gedruckt, Bremen 1909.

- Vom inneren Leben. Nachgelassene Predigten herausgegeben von Friedrich Steudel, Jena 1908.

- Liebe, Predigt vom 23. Februar 1902, Bremen 1902.

- Religiöse Menschentypen, Bremen 1906.

- Die Menschenwürde. Predigt, gehalten am Sonntag, den 17. Aug. 1879 im oberen Saale der Reichshallen zu Berlin von Dr. Kalthoff, Prediger, Berlin 1879.

- Predigt zur Eröffnungsfeier des Protestantischen Reformvereins, gehalten am 27. April 1879 im oberen Saale der Reichshallen zu Berlin von Dr. Kalthoff, Prediger, Berlin 1879.

- Predigt üb. Evang. Joh. 1, 45-51, gehalten in Nickern am 2. Adventssonntage 1875, Nickern 1876.

- Vier Predigten über den Gottesglauben. I. Das Dasein Gottes. Predigt, gehalten am Trin.-Sonntage, den 8. Juni 1879 im oberen Saale der Reichshallen zu Berlin von Dr. Kalthoff, Prediger, Berlin 1879.

- Vier Predigten über den Gottesglauben. III. Der Wunderglaube. Predigt, gehalten im oberen Saale der Reichshallen zu Berlin von Dr. Kalthoff, Prediger, Berlin 1879.

- Vier Predigten über den Gottesglauben. IV. Der Offenbarungs-Glaube. Predigt, gehalten am Sonntag, den 29. Juni 1879 im oberen Saale der Reichshallen zu Berlin von Dr. Kalthoff, Prediger, Berlin 1879.

- Das Recht der christlichen Gemeinde. Predigt über Evang. Matth. XVIII, 15-18, gehalten am 11. Mai 1879 im oberen Saale der Reichshallen zu Berlin von Dr. Kalthoff, Prediger, Berlin 1879.

- Seelen erhalten oder Seelen verderben? Zwei Predigten: 1) Buße den Bußpredigern! Gehalten in Bremen am Bußtage 1905. 2) Wer ist ein Christ? Gehalten in Berlin 1879 (zum zweiten Male gedruckt), von Pastor Dr. A. Kalthoff. Zum Besten des Vereins für Mutterschutz mit Genehmigung des Verfassers herausgegeben von Freunden. Bremen 1906.

- Seelsorge, Bremen 1899.

- Sylvester 1903, Bremen 1903.

- Sylvester 1904, Bremen 1904.

- Wort und Sacrament. Predigt über Evang. Marc. XVI, 15-16, gehalten am 25. Mai 1879 im oberen Saale der Reichshallen zu Berlin von Dr. Kalthoff, Prediger, Berlin 1879.

- Das Zeitalter der Reformation. Nachgelassene Predigten mit Vorwort von Friedrich Steudel, 2. Aufl., Jena 1917.

- Zukunftsideale. Nachgelassene Predigten mit einer Lebensskizze von Friedrich Steudel, Jena 1907.

II. Reden von Kalthoff:

- Wer ist ein Christ? Rede gehalten im oberen Saale der Reichshallen zu Berlin von Dr. Kalthoff, Prediger, Berlin 1879.

- Christenthum und Cultur. Rede, gehalten am Sonntag, den 31. Aug. 1879 im oberen Saale der Reichshallen zu Berlin von Dr. Kalthoff, Prediger, Berlin 1879.

- Confirmationsrede gehalten in der St. Martini-Kirche am Sonntag, den 31. März 1895 von Pastor Dr. Kalthoff, Bremen 1895.

- Confirmationsrede gehalten in der St. Martini-Kirche am Sonntag, den 28. März 1897 von Pastor Dr. Kalthoff, Bremen 1897.

- Confirmationsrede gehalten in der St. Martini-Kirche zu Bremen am Sonntag, den 25. März 1900 von Pastor Dr. Kalthoff, Bremen 1900.

- Die Ehe. Rede gehalten im oberen Saale der Reichshallen zu Berlin von Dr. Kalthoff, Prediger, Berlin 1879.

- Die Einheit Gottes. Rede gehalten zum ersten Jahresfeste des Vereins im oberen Saale der Reichshallen von Dr. Kalthoff, Prediger, Berlin 1880.

- Der alte und der neue Glaube. Rede gehalten im oberen Saale der Reichshallen zu Berlin von Dr. Kalthoff, Prediger, Berlin 1879.

- Heidenthum und Christenthum [Römer XIII., 11 und 12]. Rede gehalten im oberen Saale der Reichshallen zu Berlin von Dr. Kalthoff, Prediger, Berlin 1879.

- Jesus, der Prophet, der nichts gilt in seinem Vaterlande. Rede gehalten im oberen Saale der Reichshallen zu Berlin von Dr. Kalthoff, Prediger, Berlin 1879.

- Judenthum und Christenthum [Gal. IV,1-7]. Rede gehalten im oberen Saale der Reichshallen zu Berlin von Dr. Kalthoff, Prediger, Berlin 1879.

- O ihr Kleingläubigen, warum seid ihr so furchtsam? Rede, gehalten am Neujahrstage 1880 im oberen Saale der Reichshallen zu Berlin von Dr. Kalthoff, Prediger, Berlin 1880.

- Konfirmationsrede gehalten in der St. Martini-Kirche am Sonntag, den 25. März 1906 von Pastor Dr. A. Kalthoff, Bremen 1906.

- Das Leben Jesu. Reden von Dr. Albert Kalthoff, weiland Pastor a. St. Martini in Bremen, Berlin 1883.

- Das Leben Jesu. 1. Die Geburtsgeschichte. Rede gehalten am Neujahrstage im oberen Saale der Reichshallen zu Berlin von Dr. Kalthoff, Prediger, Berlin 1880.

- Das Leben Jesu. 2. Die Entwicklung des religiösen Bewußtseins. Rede gehalten im oberen Saale der Reichshallen zu Berlin von Dr. Kalthoff, Prediger, Berlin 1880.

- Das Leben Jesu. 3. Die Charakterentwicklung. Rede gehalten am Neujahrstage im oberen Saale der Reichshallen zu Berlin von Dr. Kalthoff, Prediger, Berlin 1880.

- Das Leben Jesu. 4. Die Lehrtätigkeit in Galiläa. Rede gehalten am Neujahrstage im oberen Saale der Reichshallen zu Berlin von Dr. Kalthoff, Prediger, Berlin 1880.

- Das Leben Jesu. 5. Die Wunderthätigkeit. Rede gehalten am Neujahrstage im oberen Saale der Reichshallen zu Berlin von Dr. Kalthoff, Prediger, Berlin 1880.

- Das Leben Jesu. 6. Hat Jesus eine Kirche stiften wollen? Rede gehalten am Neujahrstage im oberen Saale der Reichshallen zu Berlin von Dr. Kalthoff, Prediger, Berlin 1880.

- Das Leben Jesu. 7. Die ersten Conflicte mit der Hierarchie. Rede gehalten am Neujahrstage im oberen Saale der Reichshallen zu Berlin von Dr. Kalthoff, Prediger, Berlin 1880.

- Das Leben Jesu. 8. Jesus in seiner Stellung zu Juden und Heiden. Rede gehalten am Neujahrstage im oberen Saale der Reichshallen zu Berlin von Dr. Kalthoff, Prediger, Berlin 1880.

- Das Leben Jesu. 9. Das Bekenntnis zum Gottessohne. Rede gehalten am Neujahrstage im oberen Saale der Reichshallen zu Berlin von Dr. Kalthoff, Prediger, Berlin 1880.

- Das Leben Jesu. 10. Die Reise zum letzten Passah. Rede gehalten am Neujahrstage im oberen Saale der Reichshallen zu Berlin von Dr. Kalthoff, Prediger, Berlin 1880.

- Das Leben Jesu. 11. Die Einsetzung des Abendmahls. Rede gehalten am Neujahrstage im oberen Saale der Reichshallen zu Berlin von Dr. Kalthoff, Prediger, Berlin 1880.

- Das Leben Jesu. 12. Die Verurteilung Jesu. Rede gehalten am Neujahrstage im oberen Saale der Reichshallen zu Berlin von Dr. Kalthoff, Prediger, Berlin 1880.

- Das Leben Jesu. 13. Der Tod Jesu. Rede gehalten am Neujahrstage im oberen Saale der Reichshallen zu Berlin von Dr. Kalthoff, Prediger, Berlin 1880.

- Das Leben Jesu. 14. Der historische und der ideale Christus. Rede gehalten am Neujahrstage im oberen Saale der Reichshallen zu Berlin von Dr. Kalthoff, Prediger, Berlin 1880.

- Der Mensch Jesus Christus. Rede gehalten im oberen Saale der Reichshallen zu Berlin von Dr. Kalthoff, Prediger, Berlin 1879.

- Priesterreligion und Laienreligion. Rede gehalten im oberen Saale der Reichshallen zu Berlin von Dr. Kalthoff, Prediger, Berlin 1879.

- Rede, gehalten am 15. Februar 1879 vor dem Königlichen Gerichtshof für kirchliche Angelegenheiten gegen die unterm 29. Juli

1878 von dem preußischen Oberkirchenrathe beschlossene Amtsentsetzung von Dr. Kalthoff, Berlin 1879.

- Rede, gehalten am 2. März 1879 zu Berlin im oberen Saale der Reichshallen von Dr. Kalthoff, Prediger, Berlin 1879.

- Rede, gehalten am 26. März 1905 zur Feier der Konfirmation in der St. Martinikirche, Bremen 1905.

- Religion und Moral. Rede gehalten am Sonntag, den 24. August 1879, zu Berlin im oberen Saale der Reichshallen von Dr. Kalthoff, Prediger, Berlin 1879.

- Schleiermachers Vermächtnis an unsere Zeit. Religiöse Reden, gehalten in der St. Martinikirche zu Bremen von Dr. A. Kalthoff, Pastor, Braunschweig 1896.

- Der christliche Socialismus im Gleichnisse vom reichen Mann und dem armen Lazarus. Rede gehalten im oberen Saale der Reichshallen von Dr. Kalthoff, Prediger, Berlin 1881.

- Vergänglichkeit und Ewigkeit des Christenthums. Rede gehalten im oberen Saale der Reichshallen von Dr. Kalthoff, Prediger, Berlin 1880.

- Volk und Kunst. Reden und Aufsätze von Albert Kalthoff, herausgegeben vom Bremer Goethebund, Bremen 1910.

- Zur Weihe des Hauses. Rede gehalten zur Wiedereröffnung der St. Martinikirche am 31. Dezember 1905 von Pastor Dr. A. Kalthoff, zum Besten der Gemeinde gedruckt, Bremen 1905.

- Religiöse Weltanschauung. Reden von Dr. A. Kalthoff, Pastor an St. Martini in Bremen, Leipzig 1903.

- An der Wende des Jahrhundertes. Kanzelreden über die socialen Kämpfe unserer Zeit, gehalten in der Martinskirche zu Bremen von Dr. A. Kalthoff, Pastor an St. Martini in Bremen, Berlin 1898.

- Zarathustra-Predigten. Reden über die sittliche Lebensauffassung Friedrich Nietzsches, Leipzig 1904.

III. Vorträge von Kalthoff:

- Die Ergebnisse des Kulturkampfs für den Liberalismus. Vortrag gehalten im fortschrittlichen Wahlverein zu Steglitz von Dr. Kalthoff, Steglitz / Leipzig 1882.

- Friedrich Nietzsche und die Kulturprobleme unserer Zeit. Vorträge gehalten von Dr. A. Kalthoff, Pastor an St. Martini in Bremen, Berlin 1900.

- Gregor VII. und der Gang nach Canossa. Vortrag gehalten im Bürgersaale des Rathhauses zu Berlin von Dr. Kalthoff, Prediger, Berlin 1880.

- Kunst und Volk. Vortrag, gehalten zur Eröffnung der Thätigkeit des Goethebundes in Bremen von Dr. A. Kalthoff. Jahresbericht 1900/1901 herausgegeben vom Vorstand des Goethebundes, Bremen 1901.

- Die neueste Maßregel zur Bekämpfung des Judenthums. Vortrag gehalten im Saale des Handwerker-Vereins zu Berlin von Dr. Kalthoff, Prediger, Berlin 1880.

- Die Religion und die Feuerbestattung. Vortrag, gehalten am 27. Februar 1884 im Verein für Feuerbestattung von Prediger A. Kalthoff, Hamburg 1884.

- Dem Volke muß die Religion erhalten bleiben! Vortrag gehalten im Protestanten-Verein zu Bremen von Dr. Kalthoff, Pastor an St. Martini in Bremen, Bremen 1893.

IV. Aufsätze und Zeitungsartikel von Kalthoff:

- Brief von Pastor Dr. Kalthoff, in: Bremer Nachrichten. Generalanzeiger für Bremen und Umgegend, Sonnabend, 26. Mai 1906, Zweites Blatt, Bremen 1906.

- Modernes Christentum von Dr. Albert Kalthoff, Pastor in Bremen, in: Landsberg, Hans (Hg.), Moderne Zeitfragen, Nr. 13, Berlin 1906.

- Christus in Hilligenlei, in: Das Blaubuch. Wochenschrift für öffentliches Leben, Literatur und Kunst, hg. von Dr. H. Ilgenstein und Dr. A. Kalthoff, Jg. 1, Nr. 20, Berlin 1906, 793-799.

- Der Culturkampf in der protestantischen Kirche. 1. Die geschichtliche Vorbereitung des Kampfes. Vom Prediger Dr. Kalthoff, in: Die Gartenlaube. Illustriertes Familienblatt, Jg. 1881, Nr. 17, Verlag von Ernst Keil, Leipzig 1881, 279-283.

- Der Culturkampf in der protestantischen Kirche. 2. Die Bedeutung des Kampfes für das Volksleben. Vom Prediger Dr. Kalthoff, in: Die Gartenlaube. Illustriertes Familienblatt, Jg. 1881, Nr. 20, Verlag von Ernst Keil, Leipzig 1881, 329-331.

- Der Culturkampf in der protestantischen Kirche. 3. Der moderne Protestantismus und die Kirche. Vom Prediger Dr. Kalthoff, in: Die Gartenlaube. Illustriertes Familienblatt, Jg. 1881, Nr. 23, Verlag von Ernst Keil, Leipzig 1881, 398-402.

- Der religiöse Eid, in: Das Blaubuch, Jg. 1, Nr. 15, Berlin 1906, 603-609.

- Zur Einführung, in: Das Blaubuch, Jg. 1, Nr. 1, Berlin 1906, 1-9.

- Zur Einführung in das Johannes-Evangelium. 1. Der Jünger, der nicht stirbt, in: Deutsches Protestantenblatt, XXXII. Jg., Nr. 18, 29. April 1899, Bremen 1899, 142f.

- Der Einzelne und die Gesellschaft. Eine Auseinandersetzung zwischen Chr. Schrempf und A. Kalthoff, I., in: Deutsches Protestantenblatt, XXXII. Jg., Nr. 19, 6. Mai 1899, Bremen 1899, 152-154.

- Der Einzelne und die Gesellschaft. Eine Auseinandersetzung zwischen Chr. Schrempf und A. Kalthoff, II., in: Deutsches Protestantenblatt, XXXII. Jg., Nr. 21, 20. Mai 1899, Bremen 1899, 166-168.

- Der Einzelne und die Gesellschaft. Eine Auseinandersetzung zwischen Chr. Schrempf und A. Kalthoff, III., in: Deutsches Protestantenblatt, XXXII. Jg., Nr. 23, 3. Juni 1899, Bremen 1899, 181-184.

- Der Einzelne und die Gesellschaft. Eine Auseinandersetzung zwischen Chr. Schrempf und A. Kalthoff, IV., in: Deutsches Protestantenblatt, XXXII. Jg., Nr. 25, 17. Juni 1899, Bremen 1899, 200f.

- Der Einzelne und die Gesellschaft. Eine Auseinandersetzung zwischen Chr. Schrempf und A. Kalthoff, V., in: Deutsches Protestantenblatt, XXXII. Jg., Nr. 28, 8. Juli 1899, Bremen 1899, 224f.

- Erklärung und Berichtigung, in: Bremer Nachrichten, 9. Januar 1904, Bremen 1904.

- Erlebtes und Empfundenes, in: Der Säemann. Monatsschrift für pädagogische Reform, hg. von der Hamburger Lehrervereinigung für die Pflege der künstlerischen Bildung, Schriftleiter Carl Götze, 2. Jg., 7. Heft, Leipzig 1906, 210-212.

- Friedrich von Sallet, ein Sänger der Freiheit. Zeitgemäße Betrachtung von Dr. Kalthoff, in: Die Gartenlaube. Illustriertes Familienblatt, Jg. 1882, Nr. 6, Verlag von Ernst Keil, Leipzig 1882, 97-100.

- Geist! In: Das Blaubuch, Jg. 1, Nr. 12, Berlin 1906, 479-483.

- Gotteslästerung, von Dr. A. Kalthoff in Bremen, in: Argentinisches Wochenblatt, Nr. 1450, 13.12.1905, Buenos Aires 1905, 43f..

- Hiob, in: Deutsches Protestantenblatt, 34. Jg., Nr. 19, 11. Mai 1901, Bremen 1901, 146-148.

- Auch ein Jubiläum. Eine Tragikkomödie in mehreren Abteilungen, in: Deutsches Protestantenblatt, 33. Jg., Nr. 2, 6. Januar 1900, Bremen 1900, 10f.

- Bedürfen wir noch einer Kirche? In: Korrespondenzblatt für Kirchliche Reform. Begründet vom Protestantischen Reform-Verein zu Berlin. Redaction: Prediger Dr. Kalthoff, Steglitz bei Berlin, II. Jg., Nr. 3, Berlin 1882, 17-21.

- Bürgerliche Kunst, in: Das Blaubuch, Jg. 1, Nr. 34, Berlin 1906, 1322-1328.

- Das häusliche Leben und das Ziel der Erziehung, in: Der Säemann, Monatsschrift für Jugendbildung und Jugendkunde, 4. Jg., 5. Heft, 1908, 133-138.

- Die Literaturgeschichte des Neuen Testaments. Von Dr. Kalthoff. I. Die ältesten Urkunden des Christenthums, in: Die Gartenlaube. Illustriertes Familienblatt, Jg. 1881, Verlag von Ernst Keil, Leipzig 1881, 803-807.

- Zur Literaturgeschichte des Neuen Testaments. Von Dr. Kalthoff. II. die Entstehung des Katholicismus, in: Die Gartenlaube. Illustriertes Familienblatt, Jg. 1881, Verlag von Ernst Keil, Leipzig 1881, 832-835.

- Zur Literaturgeschichte des Neuen Testaments. Von Dr. Kalthoff. III. Der Sieg des Katholicismus im Neuen Testament, in: Die Gartenlaube. Illustriertes Familienblatt, Jg. 1881, Verlag von Ernst Keil, Leipzig 1881, 850-854.

- Lydia, die Purpurkrämerin aus Thyatira, in: Protestantenblatt. Wochenschrift für den deutschen Protestantismus. Unter Mitwirkung von Gesinnungsgenossen hg. durch R. Emde und M. Fischer, 35. Jg., Nr. 52, Bremen 1902, 409-412.

- Das Recht des Kindes. Von Albert Kalthoff, in: Roland. Monatsschrift für freiheitliche Erziehung in Haus und Schule, hg. von einer Vereinigung Bremischer Lehrer, IV. Jg., Heft 4, April 1908, Hamburg 1908, 87-90.

- Die Reifezeit, in: Der Säemann, Monatsschrift für Jugendbildung und Jugendkunde, 4. Jg., 9. Heft, 1908, 261-265.

- Religion und Monismus, in: Das Blaubuch. Wochenschrift für öffentliches Leben, Literatur und Kunst, hg. von Dr. H. Ilgenstein u. dr. A. Kalthoff, Jg. I, Nr. 7, Berlin 1906, 261-268.

- Die Religion der Zukunft, in: Das Blaubuch, s.o., Jg. 1, Nr. 23, 915-921.

- Seligkeit, in: Das Blaubuch, Jg. 1, Nr. 48, Berlin 1906, 1883-1888.

- Semiten und Antisemiten. Vortrag im Bremer Protestantenverein von Dr. Kalthoff, I., in: Deutsches Protestantenblatt. Unter Mitwirkung von F. Bock, H. Frickhöffer, A. Kalthoff, u.a., XXII. Jg., Nr. 11, 16. März 1889, Bremen 1889, 84-86.

- Semiten und Antisemiten. Vortrag im Bremer Protestantenverein von Dr. Kalthoff, II., in: Deutsches Protestantenblatt. Unter Mitwirkung von F. Bock, H. Frickhöffer, A. Kalthoff, u.a., XXII. Jg., Nr. 12, 23. März 1889, Bremen 1889, 93-97.

- Sprechsaal. Organisation der Geistlichen, Bremen 1903.

- Ein Tag auf der Berliner Augustconferenz. Vom Prediger Dr. Kalthoff, in: Die Gartenlaube. Illustriertes Familienblatt, Jg. 1881, Verlag von Ernst Keil, Leipzig 1881, 650-652.

- Freies Volk, in: Das Blaubuch, Jg. 1, Nr. 38, Berlin 1906, 1470-1476.

- Liz. Dr. Weinel und das Christusproblem. Eine Replik von A. Kalthoff, in: Solinger Zeitung, 56. Jg., Nr. 61, Erstes Blatt, Samstag, den 12. März 1904, Solingen 1904.

- Die erwachende Wissenschaft, in: Das Blaubuch, Jg. 1, Nr. 17, Berlin 1906, 681-687.

- Freie Wissenschaft, in: Das Blaubuch, Jg. 1, Nr. 43, Berlin 1906, 1678-1684.

- Zwecke und Ziele des deutschen Monistenbundes, 5. März 1906, Bremen 1906.

V. <u>Weitere Schriften von Kalthoff:</u>

- Albert Bitzius (1835 – 1882), schweizerischer Pfarrer und Staatsmann. Ein Charakterbild, Berlin 1890.
- Charles Kingsley. Ein religiös-soziales Charakterbild von Dr. A. Kalthoff, Pastor an St. Martini in Bremen, Berlin 1892.
- Modernes Christentum von Dr. Albert Kalthoff, Pastor in Bremen, Berlin 1906.
- Das Christus-Problem. Grundlinien zu einer Sozialtheologie von A. Kalthoff, Leipzig 1903.
- Die Entstehung des Christentums von Albert Kalthoff. Neue Beiträge zum Christusproblem, Leipzig 1904.
- Die Frage nach der metaphysischen Grundlage der Moral mit besonderer Beziehung auf Schleiermacher untersucht. Inaugural-Dissertation von Albert Kalthoff, Halle 1874.
- Was wissen wir von Jesus? Eine Abrechnung mit Professor D. Bousset in Göttingen von A. Kalthoff, Berlin 1904.
- Die Philosophie der Griechen in kulturgeschichtlicher Grundlage dargestellt von Dr. A. Kalthoff, Pastor in Bremen, Berlin 1901.

- Die religiösen Probleme in Goethes Faust. Ernste Antworten auf ernste Fragen von Dr. A. Kalthoff, Pastor an St. Martini in Bremen, Berlin 1901.

- Die Religion der Modernen, Leipzig 1905.

- Schule und Kulturstaat von Dr. A. Kalthoff, Pastor an St. Martini in Bremen, Leipzig 1905.

- Christliche Theologie und socialistische Weltanschauung. Ein Wort zur Verständigung von Dr. A. Kalthoff, Pastor in Bremen, Berlin 1894.

- D. Thikötter und das Christusproblem. Eine Replik von A. Kalthoff, Bremen 1903.

VI. Streitigkeiten mit dem Evangelischen Oberkirchenrat:

- Beschluss des Evangelischen Ober-Kirchenraths vom 13. Juni 1878 in der Disciplinar-Untersuchungssache wider den Pfarrer Dr. Kalthoff in Nickern und Erkenntniss des Kgl. Gerichtshofs für kirchl. Angelegenheiten vom 15. Februar 1879, in der Berufungssache des Pfarrers Dr. Kalthoff. Besonderer Abdruck aus dem Kirchlichen Gesetz- und Verordnungs-Blatt, Berlin 1879.

- Entscheidung des Evangelischen Ober-Kirchenraths nebens den darauf bezüglichen Aktenstücken betreffend die Wahl des Prediger Lic. Hoßbach zum Pfarrer an St. Jakobi in Berlin. I. Vorverhandlungen. II. Beschwerdeschrift des Prediger Hoßbach an den Evangelischen Ober-Kirchenrath. III. Beschwerdeschrift des Gemeinde-Kirchenraths und der Gemeinde-Vertretung von St. Jakobi. IV. Bescheid des Ev. Ober-Kirchenraths an den Pred. Hoßbach. V. Bescheid des Evangelischen Ober-Kirchenraths an den Gemeinde-Kirchenrath von St. Jakobi, Berlin 1878.

- Verhandlungen zwischen Dr. Albert Kalthoff, Pfarrer zu Nickern bei Züllichau und dem Evangelischen Ober-Kirchenrat zu Berlin betreffend den in der Disciplinar-Untersuchung gegen Dr. Kalthoff gefaßten Beschluß des Königlichen Consistoriums der Provinz Brandenburg vom 9. Mai 1878. 1. Recursschrift des Dr. Kalthoff. 2. Entscheidung des Evangelischen Ober-Kirchenrats, Schwiebus 1878.

- Vertheidigungsrede des Pfarrers Dr. Kalthoff zu Nickern bei Züllichau wider die Anklage des Kgl. Consistoriums der Provinz Brandenburg zu Berlin, gehalten am 9. Mai 1878 nebst den wichtigsten darauf bezüglichen Actenstücken:1) Eingabe des Dr. Kalthoff vom 19. Februar cr. An den Evangel. Ober-Kirchenrat. 2) Verfügung des Königl. Consistoriums vom 4. April. 3) Antwort des Dr. Kalthoff. 4) Anklageschrift. 5) Erkenntnis des Königl. Consistoriums der Provinz Brandenburg, Berlin 1878.

VII. Kalthoff-Biographien:

- Deutsches Biographisches Archiv (DBA), Neue Folge, Nr. 676, 402-424.

- Neue Deutsche Biographie, Bd. 11, 1977, 334.

- Bremer Pfarrerbuch. Die Pastoren der Bremischen Evangelischen Kirche seit der Reformation, Bd. 1: Die Pastoren nach Gemeinden, Ämtern und Einrichtungen, Bremen 1990, 48.115.

- Bremer Pfarrerbuch. Die Pastoren der Bremischen Evangelischen Kirche seit der Reformation, Bd. 2: Die Pastoren, Biographische Angaben, bearbeitet von Pastor i.R. Hartwig Ammann, Bremen 1996, 93.

- Börner, Wilhelm, Art.: Kalthoff, Albert, in: Biographisches Jahrbuch und Deutscher Nekrolog, Bd. 15, 1913.

- Degener, Hermann A. L. (Hg.), Wer ist´s? Unsere Zeitgenossen, 1905, 336.

- Fachredaktion des Bibliographischen Instituts, Art.: Kalthoff, Albert, in: dies. (Hg.), Meyers Großes Personenlexikon, Mannheim / Zürich 1968, 712.

- Heussi, K., Kompendium der Kirchengeschichte, 18. Auflage, Tübingen 1991, 477-479.

- Huntemann, G., Art.: Albert Kalthoff, in: RGG, Bd. 3, 1959, 562.
- Ders., Art.: Kalthoff, in: Die Religion in Geschichte und Gegenwart, Bd. 3, 1959, 562.
- Ders., Art: Kalthoff, Albert, in: RGG, Bd. 3: H – Kon, Tübingen 1986, 1102f.
- http://www.bautz.de/bbkl/k/Kalthoff.shtml.
- Killy, Walther / Vierhaus, Rudolf, Art: Kalthoff, in: dies. (Hg.), Deutsche Biographische Enzyklopädie [DBE], Bd. 5: Hesselbach – Kofler, München 1997, 417.
- Oberschelp, Reinhard, Art: Kalthoff, in: ders. (Hg.), Gesamtverzeichnis des deutschsprachigen Schrifttums [GV] 1911 – 1965, Bd. 65: K – Kam, München 1978, 396.
- RGG, Bd. 3, 891ff.
- Rudloff, Ortwin, Die Prediger. Kurzbiographien: Albert Kalthoff, in: ders., Positiv – Liberal – Radikal. Bremer Predigten um 1900, in: Hospitium Ecclesia 16, Bremen 1989, 174.
- Ders., Vorwort, in: HE 16, 7f.

- Schmolze, Gerhard, Art.: Kalthoff, in: Neue deutsche Biographie, hg. von der historischen Kommission bei der bayerischen Akademie der Wissenschaften, 11. Bd.: Kafka – Kleinfercher, Berlin 1977, 74f.

- Schmuck, Hilmar / Gorzny, Willy, Art.: Kalthoff, in: dies. (Hg.), GV 1700 – 1910, Bd. 72: Kal – Kars, München / New York / London / Paris 1983, 160f.

- Schwarzwälder, Heribert, Art.: Kalthoff, Albert, in: ders., Das Große Bremen-Lexikon, Bremen 2002, 377.

- Totenliste, in: Biographisches Jahrbuch und Deutscher Nekrolog; Bd. 11, 1906.

- Veeck, O., Art.: Kalthoff, in: Bremische Biographien des neunzehnten Jahrhunderts, hg. von der Historischen Gesellschaft des Künstlervereins, Bremen 1912, 241-247.

- Ders., Art.: Kalthoff, in: Alfred Hauck (Hg.), Realencyklopädie für protestantische Theologie und Kirche, Bd. 23, 1913, 350.

- Ders., Art.: Kalthoff, Albert, in: Bremische Biographie des 19. Jahrhunderts, 1912, 304.

- Wesseling, Klaus-Günther, Art.: Kalthoff, in: Biographisch-Bibliographisches Kirchenlexikon, begründet und hg. von Friedrich Wilhelm Bautz, fortgeführt von Traugott Bautz, Bd. 3: Jedin, Hubert – Kleinschmidt, Beda, Herzberg 1992, 987-990.

- Windisch, Art.: Kalthoff, Albert, in: Schiele, Friedrich Michael / Zscharnack, Leopold (Hg.), RGG. Die Religion in Geschichte und Gegenwart. Handwörterbuch in gemeinverständlicher Darstellung, 3. Bd.: Heßhus bis Lytton, Tübingen 1912, 891-893.

- Zscharnack, Art.: Kalthoff, Albert, in: Gunkel, Hermann / Zscharnack, Leopold (Hg.), RGG, Handwörterbuch für Theologie und Religionswissenschaft, Zweite, völlig neu bearbeitete Auflage, Dritter Band: I-Me, Tübingen 1929, 592f.

VIII. Literatur zu Kalthoff:

- Abresch, Johannes, Enfant terrible im Talar: Albert Kalthoff (1850-1906), in: Bergischer Geschichtsverein, Abteilung Wuppertal e. v. – Historisches Zentrum – Stadtarchiv – Stadtbibliothek (Hg.), Geschichte im Wuppertal, 5. Jg., Wuppertal 1996, 18-51.

- Ders., „Freunde evangelischer Freiheit" im Wuppertal, in: Geschichte im Wuppertal, 6. Jg. 1997, hg. v. Bergischer Geschichtsverein, Abteilung Wuppertal e.V. - Historisches Zentrum – Stadtarchiv – Stadtbibliothek, Wuppertal 1997, 51-62.

- Ders., Helene Stöcker (1869-1943), in: Heyen, Franz-Josef (Hg.), Rheinische Lebensbilder, Bd. 14, Sonderdruck im Auftrag der Gesellschaft für Rheinische Geschichtskunde, Köln 1994, 191-213.

- Ders., Kindheit und Jugend im Wuppertale, in: Traxel, Werner (Hg.), Ebbinghaus-Studien, Bd. 2: Passauer Schriften zur Psychologiegeschichte, Nr. 5: Beiträge zum Internationalen Hermann-Ebbinghaus-Symposion Passau vom 30. Mai bis 2. Juni 1985, Passau 1987, 71-87.

- Die Aktion des hiesigen geistlichen Ministeriums gegen Kalthoff, in: Bremer Nachrichten. Generalanzeiger für Bremen und Umgegend, Freitag, 18. Mai 1906, Zweites Blatt, Bremen 1906.

- Bloth, Peter C., Die Bremer Reformpädagogik im Streit um den Religionsunterricht. Eine Studie zu Theologie und Methodik des

Religionsunterrichts in der Volksschule des frühen 20. Jahrhunderts, Dortmund 1961.

- Bösking, Heinrich, Auch ein Kalthoff-Erklärer, in: Das Blaubuch, Jg. 3, Nr. 17, Berlin 1908, 495-498.

- Ders., Kalthoffs Gedenken, in: Das Blaubuch, s.o., Jg. 1, Nr. 23, Berlin 1906, 927-930.

- Bousset, D., Antwort auf Herrn Steudels „Streiflicht auf die theologische Wissenschaft", Bremen 1904.

- Bräutigam, L., Schriften von + Pastor Dr. A. Kalthoff! Friedrich Nietzsche und die Kulturprobleme unserer Zeit, in: Zeitschrift für den deutschen Unterricht, Leipzig 1906.

- Bremer Angelegenheiten. Ein Urteil über die kirchliche Freiheit in Bremen, in: Bremer Nachrichten. General-Anzeiger für Bremen und Umgegend, 164. Jg., Nr. 142, Freitag, 25. Mai 1906, Zweites Blatt, Bremen 1906.

- Büttner, Karl, Die evangelische Kirche im Staate Bremen, Ihr Pfarrerstand, in: Schian, Martin (Hg.), Evangelische Kirchenkunde, 6. Teil: Die evangelischen Kirchen in Niedersachsen, dargestellt von Ernst Rolffs, Tübingen 1917, 420-423.

- Burggraf, J., Auf vulkanischem Boden, in: ders., Was nun? Aus der kirchlichen Bewegung und wider den kirchlichen Radikalismus in Bremen, Gießen 1906, 16-21.

- Ders., Nach Kalthoffs Tode, in: ders., Was nun? Aus der kirchlichen Bewegung und wider den kirchlichen Radikalismus in Bremen, Gießen 1906, 30-54.

- Ders., Das Programm einer neuen Vierteljahresschrift: „Bremer Beiträge zum Ausbau u. Umbau der Kirche", in: ders., Was nun? Aus der kirchlichen Bewegung und wider den kirchlichen Radikalismus in Bremen, Gießen 1906, 55-64.

- Chronik des Gymnasiums zu Barmen. Eine Festschrift, zur Feier der Einweihung des neuen Gymnasialgebäudes und des 25jährigen Bestehens des Gymnasiums in seiner jetzigen Gestalt veröffentlicht von Dr. Oskar Henke, Gymnasialdirektor. I. Teil. Geschichte und Entwicklung der Schule. Dem Andenken des Rektors der Barmer Lateinschule Johannes Grimm geb. am 20. September 1757 zu Mossbach, Rektor der Schola Latina Gemarcensis von 1782-1823, gest. am 23. November 1829 in Repelen gewidmet, Barmen 1890.

- Dannemann, Fritz, Das Wupperthal als Hort der Orthodoxie. Ein Culturbild, in: Die Gartenlaube. Illustriertes Familienblatt, Jg. 1877, Nr. 3, Verlag von Ernst Keil, Leipzig 1877, 46-48.

- Detering, Hermann, Paulusbriefe ohne Paulus? Die Paulusbriefe in der holländischen Radikalkritik. In: Kontexte, Neue Beiträge zur historischen und systematischen Theologie, Bd. 10, Peter Land, Frankfurt am Main / Berlin / Bern / New York / Paris / Wien 1992.

- Donat, Helmut, Emil Felden – Ein Leben für Frieden, Freiheit und soziale Gerechtigkeit, in: „Nieder die Waffen – die Hände gereicht!" Friedensbewegung in Bremen 1898-1958, Bremen 1989, 109-114.

- Ders., Der Bremische Lehrerverein (BLV), in: Ders. / Röpke, Andreas (Hg.), „Nieder die Waffen – die Hände gereicht!" Friedensbewegung in Bremen 1898-1958. Katalog zur gleichnamigen Ausstellung, Bremen 1989, 93-99.

- Dr. Albert Kalthoff +, in: Roland. Organ für freiheitliche Pädagogik, hg. von einer Vereinigung bremischer Lehrer, 2. Jg., 6. Heft, Bremen 1906.

- Elcho, R., Die religiöse Ueberzeugung vor dem Kirchengericht, in: Die Gartenlaube. Illustriertes Familienblatt, Jg. 1878, Verlag von Ernst Keil, Leipzig 1878, 310-314.

- Franke, H., Schriften von + Pastor Dr. A. Kalthoff! Die religiösen Probleme in Goethes Faust, in: Tägliche Rundschau, Leipzig 1906.

- Gedächtnisreden auf Dr. Albert Kalthoff, Pastor an St. Martini Bremen, Bremen 1906.

- Graf, Friedrich Wilhelm, Das Laboratorium der religiösen Moderne. Zur „Verlagsreligion" des Eugen Diederichs Verlags, in: Hübinger, Gangolf (Hg.), Aufbruch ins Jahrhundert der Extreme, München 1996, 243-298.

- Graf, K., Die reformierte Gemeinde Rheinfelden in ihrem 50-jährigen Bestehen. Entstehung und Entwicklung der Kirchengenossenschaft. Im Auftrag der Kirchenpflege zur Erinnerung an den ersten reformierten Gottesdienst in Rheinfelden 13. August 1854, Basel 1904.

- Gutacker, Simone, Auf der Suche nach einer Religion der Zukunft – Vortrag anlässlich des 100. Todestages von Albert Kalthoff (* 5. März 1850 in Barmen; + 11. Mai 1906 in Bremen), Erfurt 2017.

- Hackmack, Hans, Nieder die Waffen – die Hände gereicht! In: „Nieder die Waffen – die Hände gereicht!" Friedensbewegung in Bremen 1898-1958, Bremen 1989, 54-56.

- Haeckel, Ernst, Das Präsidium des Deutschen Monistenbundes, in: Blätter des Deutschen Monistenbundes, s.u., 1-4.

- Ders., Postkarte von Ernst Haeckel an Albert Kalthoff vom 25. November 1905, in: Staatsarchiv Bremen, Nachlaß Kalthoff 7,40 – 20,3.

- Hannover, Elisabeth, Aktivitäten der Deutschen Friedensgesellschaft in Bremen, in: „Nieder die Waffen – die Hände gereicht!" Friedensbewegung in Bremen 1898-1958, Bremen 1989, 65-70.

- Dies., Albert Kalthoff und die Gründung der Bremer Ortsgruppe der Deutschen Friedensgesellschaft, in: „Nieder die Waffen – die Hände gereicht!", s.o., 13-17.

- Dies., Organisationen und Positionen der Friedensbewegung im Überblick, in: „Nieder die Waffen – die Hände gereicht!“ Friedensbewegung in Bremen 1898-1958, Bremen 1989, 57-60.
- Heidler, Irmgard, Künstlerische Buchgestaltung im Eugen Diederichs Verlags, in: Hübinger, Gangolf (Hg.), Aufbruch ins Jahrhundert der Extreme, München 1996, 167-221.
- Hübinger, Gangolf (Hg.), Aufbruch ins Jahrhundert der Extreme, München 1996.
- Ilgenstein, Heinrich, Albert Kalthoff +, in: Das Blaubuch, s.o., Jg. 1, Nr. 19, Berlin 1906, 749.
- Kalthoff, Horst, Illustrierte Geschichte der Bremer Kalthoff-Familie, Berlin 2002.
- Ders., Eine Jugend in Bremen und Hamburg, 1926-1956, Bremen 2001.
- Kalthoff, Max: Krieg, in: „Nieder die Waffen – die Hände gereicht!“ Friedensbewegung in Bremen 1898-1958, Bremen 1989, 53.
- Noch einmal Kalthoff, in: Die Gartenlaube. Illustriertes Familienblatt, Blätter und Blüthen, Jg. 1881, Verlag von Ernst Keil, Leipzig 1881, 386.
- Kalthoffs Tod und die kirchlichen Verhältnisse in Bremen, in: Leipziger Tageblatt, 14.5.1906, Leipzig 1906.

- Kirchhoff, Bauherr Dr., Worte zur Erinnerung an Pastor Dr. Albert Kalthoff, Feier in der St. Martinikirche am 15. Mai 1906, in: Gedächtnisreden auf Dr. Albert Kalthoff, s.o., 6f.

- Köllmann, Wolfgang, Sozialgeschichte der Stadt Barmen im 19. Jahrhundert, Tübingen 1960.

- Kuczynski, Jürgen, 1903. Ein normales Jahr im imperialistischen Deutschland, Köln 1988.

- Leuzinger, H., Steiniger Weg beim Aufnehmen des Kirchenbaufonds, in: Nachrichtenblatt der reformierten Kirche von Rheinfelden, 1995, Nr. 9, 4.

- Lipsius, Friedrich, Zu Kalthoffs Gedächtnis. Rede, gehalten in der St.-Martinikirche zu Bremen am 12. Mai 1907, in: Ilgenstein, Heinrich / Kienzl, Hermann (Hg.), Das Blaubuch. Wochenschrift für öffentliches Leben, Literatur und Kunst, begründet von Albert Kalthoff, 2. Jahrgang, 1907, 2. Quartal, Berlin 1907, 820-825.

- Ders., Die Religion des Monismus, Berlin 1907.

- Lührs, Wilhelm (Hg.), Übersicht über die Bestände des Staatsarchivs der Freien Hansestadt Bremen. Veröffentlichungen aus dem Staatsarchiv der Freien Hansestadt Bremen, bearbeitet von Klaus Schwarz, Bd. 48, Bremen 1982, 191.

- M., Zu Albert Kalthoffs Gedächtnis, in: Der Säemann. Monatsschrift für pädagogische Reform, hg. von der Hamburger Lehrervereinigung für die Pflege der künstlerischen Bildung, Schriftleiter Carl Götze, 2. Jg., 7. Heft, Leipzig 1906, 213f.

- Mauritz, Oscar, Ein Gedenkwort, gesprochen im Krematorium zu Hamburg am 14. Mai 1906, in: Gedächtnisreden auf Dr. Albert Kalthoff, s.o., 3-5.

- Gesucht: Ein Mensch namens Jesus. Auf den Spuren des historischen Christus, in: Der Spiegel, Nr. 22. 27. Mai 1996, 64-87.

- Meyer, Andreas, 1896-1930: Der Verlagsgründer und seine Rolle als „Kulturverleger", in: Hübinger, Gangolf (Hg.), Aufbruch ins Jahrhundert der Extreme, München 1996, 26-89.

- Nestle, W., Schriften von + Pastor Dr. A. Kalthoff! Die Philosophie der Griechen auf kulturgeschichtlicher Grundlage dargestellt, in: Deutsche Literaturzeitung, Leipzig 1906.

- Nigg, Walter, Geschichte des religiösen Liberalismus. Entstehung – Blütezeit – Ausklang, Zürich / Leipzig 1937.

- Oberhof, Johannes, Albert Kalthoff, geb. am 5.3.1850, Pastor an St. Martini von 1888-1906, zum Gedenken, in: St. Martini Gemeinde-Nachrichten, 4. Jg., Nr. 4, Bremen 1950.

- Olf, Ad., Schriften von + Pastor Dr. A. Kalthoff! An der Wende des Jahrhunderts, in: Volkserzieher, Leipzig 1906.

- Pies, Eike, Zur Geschichte der Sippe Kalthof – Kalthoff, vom Kaltenhof zu Silschede, Sprockhövel / Mettberg 1993.

- Politische Uebersicht. Das preußische Landeskirchentum und der Fall Kalthoff, in: Brandenburger Zeitung, 15.5.1906, Berlin 1906.

- Positiv – Liberal – Radikal. Bremer Predigten um 1900, ausgewählt von Ortwin Rudloff, in: Hospitium Ecclesiae. Forschungen zur Bremischen Kirchengeschichte, hg. in Verbindung mit Gerhard Schmolze v. Ortwin Rudloff, Bd. 16, Bremen 1989.

- Protestantenblatt, Jg. 1896, Beilage Nr. 20, 19. Mai 1896.

- Rajewsky, Ch. / Riesenberger, D. (Hg.), Wider den Krieg. Große Pazifisten von Kant bis Böll, München 1987.

- Röpke, Andreas (Hg.), Albert Kalthoff, in: ders., Bremische Kirchengeschichte im 19. und 20. Jahrhundert, Bremen 1994, 86-88.

- Rudloff, Ortwin, Vorwort, in: Hospitium Ecclesiae, Forschungen zur Bremischen Kirchengeschichte, hg. im Auftrage der Vereinigung für Bremische Kirchengeschichte, Bd. 16, Bremen 1989, 7f.

- Schmidt, Ferdinand Jakob, Das Zukunftsproblem des Christentums, o. A., 27-29.

- Schola Latina Barmensis. 1579. Barmer Gymnasium 1579 / 1929. Festschrift zum 350jährigen Jubiläum des Barmer Gymnasiums, hg. V. Oberstudienrat Professor Bohle, Barmen 1929.

- Schramm, Rudolf, weiland Domprediger zu Bremen, Zur Erneuerung des Christentums. Eine Auswahl aus seinen Schriften, Berlin 1892.

- Ders., Unsere Hoffnung in schwerer Zeit. Rede gehalten im oberen Saale der Reichshallen zu Berlin von Dr. Schramm, Domprediger in Bremen, Berlin 1879, in: Schriften des protestantischen Reform-Vereins zu Berlin, Nr. 1, Berlin 1880.

- Schröder, Wilhelm, Unreines Feuer, in: Die Gartenlaube. Illustriertes Familienblatt, Jg. 1877, Nr. 32, Verlag von Ernst Keil, Leipzig 1877, 544f.

- Schwarzwälder, Herbert, Geschichte der Freien Hansestadt Bremen, Bd. 2., Von der Franzosenzeit bis zum Ersten Weltkrieg (1810-1918), Bremen 1976.

- Schweitzer, Albert, Geschichte der Leben-Jesu-Forschung, Bd. 2., München / Hamburg 1966.

- Steudel, Friedrich, Biographische Einleitung des Herausgebers, in: Albert Kalthoff, Zukunftsideale, Jena 1907, V-XXXIV.

- Ders., Gedächtnisrede, Feier in der St. Martinikirche am 15. Mai 1906, in: Gedächtnisreden auf Dr. Albert Kalthoff, s.o., 8-20.

- Ders., Zu Herrn Professor D. theol. Boussets Replik, Bremen 1904.
- Ders., Der moderne Pfarrer. (Zur Erinnerung an Albert Kalthoff.), in: Das Blaubuch, s.o., Jg. 1, Nr. 23, Berlin 1906, 922-926.
- Ders., Ein neues Schillerbuch, Bremen 1908.
- Ders., Ein Streiflicht auf die theologische „Wissenschaft", Bremen 1904.
- Ders., Vorwort, in: Albert Kalthoff, Das Zeitalter der Reformation, Jena 1917, VI-VIII.
- Thiede, Roger, Wer war Jesus? Wunderheiler, Revolutionär, Kunstfigur: Religionsforscher im Streit, in: Focus. Das moderne Nachrichtenmagazin, Nr. 22, 25. Mai 1996, 156-166.
- Thikötter, D. Julius, Dr. Kalthoffs Replik beleuchtet, Bremen 1903.
- Ders., Dr. Kalthoff´s Schrift „Das Christusproblem" beleuchtet, Bremen 1903.
- Titius, D. Arthur, Der Bremer Radikalismus. Vortrag in der der Versammlung der Freunde der christlichen Welt zu Marburg am 10. Oktober 1907, Tübingen 1908.
- Traeger, Albert, Der Mann der „Gegenwart", in: Die Gartenlaube. Illustriertes Familienblatt, Jg. 1877, Nr. 8, Verlag von Ernst Keil, Leipzig 1877, 129-132.

- Veeck, Otto, Geschichte der reformierten Kirche Bremens, Bremen 1909, 140f.
- Wette, Wolfram, Zur Problematik von Militarismus und Pazifismus in Deutschland, in: „Nieder die Waffen – die Hände gereicht!" Friedensbewegung in Bremen 1898-1958, Bremen 1989, 7-12.
- Wieland, Lothar, Sozialdemokratie und Pazifismus in Bremen, in: „Nieder die Waffen – die Hände gereicht!" Friedensbewegung in Bremen 1898-1958, Bremen 1989, 77-82.
- Wottrich, Henriette, Auguste Kirchhoff. Eine Biographie. Schriftenreihe Geschichte und Frieden, Bd. 1, hg. v. Dieter Riesenberger und Wolfram Wette, Bremen 1990.
- Dies., Auguste Kirchhoff (1867-1940) – eine biographische Skizze, in: „Nieder die Waffen – die Hände gereicht!" Friedensbewegung in Bremen 1898-1958, Bremen 1989, 143-147.
- Wuppertal. Barmer City kartographisch gesehen von 1862 – 1981. Zusammendruck der Karten. Plan der Stadt Barmen von Friedrich George, 1862/63, Deutsche Grundkarte 1:2500, Stand 1981, Maßstab 1:2500, Sonderdruck zum Tag der offenen Tür ´81, Stadt Wuppertal, Vermessungs- und Katasteramt, Wuppertal 1981.
- www.hermann-detering.de/enfant_terrible_imtalar.htm

- Ziegeler, E., Gymnasium und Kulturstaat. Offener Brief an Herrn Dr. A. Kalthoff, Pastor an St. Martini, von Prof. Dr. E. Ziegeler, Oberlehrer am Alten Gymnasium zu Bremen, Bremen 1905.

- Zittel, Emil, Schriften von + Pastor Dr. A. Kalthoff! Schleiermachers Vermächtnis an unsere Zeit, in: Protestantische Kirchenzeitung, Leipzig 1906.

IX. Zeitungsartikel zu Kalthoff:

- Ein Bekenner des Lebens. Die Kalthoff-Gedächtnisfeier des Goethebundes, in: Bremer Volkszeitung, 15. Mai 1931, I. Beilage zu Nr. 111, Bremen 1931.

- Zur ununterbrochenen Bewegung gegen Kalthoff, in: Protestantenblatt. Zur kirchlichen Zeitgeschichte, Beilage Nr. 21, 26. Mai 1906, Berlin / Bremen 1906, 501-503.

- Bildungsverein „Lessing". Jahresbericht für 1906, Bremen 1907.

- Bremen, 29. Sept., in: Frankfurter Zeitung, 2. October 1907, Frankfurt a.M 1907.

- Bremen, 29. September, in: Vossische Zeitung, 2.10.1907, Berlin 1907.

- Bremer Beiträge, in: Die Wartburg, 20.9.1907, München 1907.

- „Bremer Flugschriften", in: Bremer Nachrichten, 12. Dezember 1907, Bremen 1907.

- Eine Bremer Senatorenwahl, in: Leipziger Tageblatt, 1. October 1907, Leipzig 1907.

- Die Entstehung des Christentums. Neue Beiträge zum Christusproblem von Dr. A. Kalthoff. Betrachtungen eines Laien I., in:

Bremer Nachrichten. Generalanzeiger für Bremen und Umgegend. Dienstag, 29. Dezember 1903, 161. Jg., Nr. 358, II. Blatt, Bremen 1903.

- Die Entstehung des Christentums. Neue Beiträge zum Christusproblem von Dr. A. Kalthoff. Betrachtungen eines Laien II., in: Bremer Nachrichten. Generalanzeiger für Bremen und Umgegend. Mittwoch, 30. Dezember 1903, 161. Jg., Nr. 358, III. Blatt, Bremen 1903.

- Ernst Haeckel über die Entwicklung der Seele und über die Zukunft der Deszendenzlehre, in: Vossische Zeitung vom 20. April 1909, Berlin 1909.

- Francke, Albert Kalthoff, in: Protestantenblatt, 26. Mai 1906, Bremen 1906.

- Ettlinger, Max, Die Selbstzersetzung des Monismus, in: Kölnische Volkszeitung, 48. Jg., Literarische Beilage, Nr. 49, 5. Dezember 1907, Köln a.Rh. 1907, 378-380.

- Francke, Albert Kalthoff, in: Protestantenblatt, 26.5.1906, Berlin / Bremen 1906, 488-491.

- Huntemann, G., Albert Kalthoff zum 50. Todestag, in: St. Martini. Gemeindenachrichten, 10. Jg., Nr. 5, Bremen 1956.

- Hat Jesus überhaupt gelebt?, in: Neueste Nachrichten, 26.9.1907, Dresden 1907.

- Kalthoff-Gedächtnisfeier, in: Bremer Nachrichten, 13. Mai 1931, Nr. 132, II. Blatt, Bremen 1931.
- Köhler, F., Makrokosmische Weltanschauung und Religion, in: Berliner Tageblatt, 2.9.1907, Berlin 1907.
- Vom inneren Leben. Nachgelassene Predigten von Albert Kalthoff, in: Hamburger Corresp., 10. Januar 1909, Hamburg 1909.
- Mähler, Paul, Der Kirche Handlanger, in: Das Blaubuch, 29.8.1907, Berlin 1907, 1075-1081.
- Nachweis der Feuerbestattung von Dr. Albert Kalthoff, Hamburg 1906, in: Staatsarchiv Bremen, Nachlaß Kalthoff 7,40 –13,2.
- Oberhof, Johannes, Albert Kalthoff, geb. am 5.3.1850, Pastor an St. Martini von 1888-1906 zum Gedenken, in: St. Martini. Gemeindenachrichten, 4. Jg., Nr. 4, Bremen 1950.
- Pfleiderer, Otto, Was hat die Theologie des 19. Jahrhunderts von Herder und Kant gelernt?, in: Protestantenblatt. Wochenschrift für den deutschen Protestantismus, 37. Jg., Nr. 5, 30. Januar 1904, Bremen / Berlin 1904, 49-51.
- Zum Reformationsfeste, in: Magdeburgische Zeitung, 3. November 1907, Magdeburg 1907.
- Roth, L. Der neue Typus, in: Pester Lloyd, 1.9.1907, Budapest 1907.

- Schaefer, Dr., Zur Wiedereröffnung der Martinikirche, in: Bremer Nachrichten. General-Anzeiger für Bremen und Umgegend, 164. Jg., Nr. 41, Zweites Blatt, Sonntag, 11. Februar 1906, Bremen 1906.

- Schatt, O., ein geistlicher Anwalt der modernen Schule, in: „Neues Leben“. Monatsschrift für deutsche Tüchtigkeit, hg. v. Gustav Rösler, Leitwort: „Bessere Zeiten durch bessere Menschen“, III. Jg., Nr. 7, 1. Jänner 1909, Reichenberg 1909, 97-99.

- Schiller, Julius, die letzte päpstliche Enzyklika, in: Neue Preussische (Kreuz-) Zeitung, 1. November 1907, Berlin 1907.

- Ders., Zum Konfessionsfrieden, in: Allgemeine Rundschau. Wochenschrift für Politik und Kultur, Hg. Armin Kausen, IV. Jg., Nr. 43, München, 26. Oktober 1907, München 1907.

- Ein Schulreformer, Albert Kalthoff, geb. am 5. März 1850 zu Barmen, gest. am 11. Mai 1906 zu Bremen, in: Blätter für deutsche Erziehung, Herausgeber Arthur Schulz, 8. Jg., Heft 6, Friedrichshagen-Berlin 1906, 86-88.

- Steudel, Fr., Kalthoff zum Gedächtnis, in: Bremer Nachrichten, 10. Mai 1931, Nr. 129, III. Blatt, Bremen 1931.

- Veeck, O., Monismus, Monistenbund, Radikalismus und Christentum, in: Weser-Zeitung, 31. August 1907, Bremen 1907.

- Wahl eines Senators, in: Magdeburger Zeitung, 1. October 1907, Deutschland, Magdeburg 1907.

- Illustrierte Weltgeschichte in vier Bänden, in: Frankfurter Zeitung, 1.9.1907, Frankfurt a.M. 1907.

- Wiegand, J., Albert Kalthoff: Religiöse Weltanschauung, in: Bremer Nachrichten, Mittwoch, 15. April 1903, 161. Jg., Nr. 103, IV. Blatt, Bremen 1903.

- Orthodoxes Zelotentum, in: Volks-Zeitung, 27. August 1907, Berlin 1907.

- Die protestantisch-kirchlichen Zustände in Bremen, in: Kölnische Volkszeitung, 24. August 1907, Köln a.Rh. 1907.

X. Artikel zu Schleiermachers Vermächtnis:

- Holtzmann, H., A. Kalthoff, Schleiermachers Vermächtnis an unsere Zeit, in: Deutsche Literaturzeitung, begründet von Max Roediger, Hg. von Paul Hinneberg, XVIII. Jg., Nr. 50, 18. Dezember 1897, Berlin 1897.

- Predigt- und Erbauungsliteratur, in: Theologische Rundschau, 4. Heft, Berlin 1898.

- Schleiermachers Vermächtnis an unsere Zeit, in: Hannov. Sonntagsblatt, Hannover 1896.

- Schleiermacher´s Vermächtnis an unsere Zeit, in: Literatur, Berlin 1898.

- „Schleiermacher´s Vermächtnis an unsere Zeit", in: Evangelisch-protestantischer Kirchenbote für Elsaß-Lothringen, Bücheranzeige, Colmar 1896.

- Zittel, Emil, Ein vorzügliches Weihnachtsbuch für denkende Christen, in: Protestantische Kirchenzeitung, Berlin 1896.

XI. Zeitungsausschnitte zu Kalthoffs Zarathustra-Predigten:

- Albert Kalthoff, Zarathustrapredigten, in: Die Hilfe, 30. Oct. 1904, Büchertisch, Berlin 1904.
- Albert Kalthoff, Zarathustrapredigten, in: Schwäbische Tagwacht, Litterarisches, Nr. 143, vom 22. Juni 1904, Stuttgart 1904.
- Anti-Zarathustra, Berlin 1904.
- Fendrich, A., Zarathustra-Predigten, in: Leipziger Volkszeitung, Kleines Feuilleton, Juni 1904, Leipzig 1904.
- „Jesuanismus", in: Bremer Kirchen-Blatt, 40. Jg., Nr. 5, 31. Januar 1904, Septuagesimae, Bremen 1904, 35-37.
- Kappstein, Theodor, Nietzsches „Zarathustra" auf der Kanzel, in: National-Zeitung, 14. Juli 1906, Berlin 1904.
- Nietzsches „Zarathustra" auf der Kanzel, in: National-Zeitung, 14.7.1904, Berlin 1904.
- Scharrelmann, W., „Zarathustra-Predigten", in: Das freie Wort, Bremen 1904, 463-466.
- Zarathustra im Gotteshaus, in: Hannov. Courier, Juni 1904, Hannover 1904.

- Zarathustra-Predigten, in: Hamburger Korrespondent, Hamburg 1904.
- „Zarathustra-Predigten". Von Albert Kalthoff. Reden über die sittliche Lebensauffassung Friedrich Nietzsches, in: Tilsiter Allgemeinde Zeitung, 20.9.1904, Tilsit 1904.

XII. Zeitungsartikel zum Nietzsche-Kultus:

- Bonus, zum Nietzsche-Problem, in: Die Hilfe, V. Jg., Nr. 41, Sonntag, 8. Oktober 1899, Beiblatt, 9f.

- Bräutigam, L., Friedrich Nietzsche und die Kulturprobleme unserer Zeit. Vorträge, gehalten von Dr. A. Kalthoff, Pastor an St. Martini in Bremen, in: Zeitschrift für den deutschen Unterricht, begründet unter Mitwirkung von Rudolf Hildebrand, hg. von Otto Lyon, Sonderabdruck aus Zeitschrift für den deutschen Unterricht, 16. Jg., 4. Heft, Leipzig 1902, 232-238.

- Kretzer, Eugen, Friedrich Nietzsches gesammelte Briefe, in: Frankfurter Zeitung, 28.7.1901, Literarisches, Frankfurt 1901.

- Schlaikjer, Erich, Zur Psychologie des Nietzsche-Kultus, in: Die Hilfe, V. Jg., Nr. 13, Sonntag, 26. März 1899, Beiblatt, 9f.

- Der Tod Nietzsches, in: Kölnische Volkszeitung, Nachrichten und Notizen, Köln 1900.

XIII. Literatur zu Kalthoffs Christusproblem:

- Bousset, D., Erklärung, in: Bremer Nachrichten, 12. Januar 1904, Bremen 1904.

- Bremen, in: Hamburger Kirchenblatt, Aus den Nachbarlandeskirchen, Hamburg 1904.

- Bulling, Dr., Einsendungen zum Thema: Napoleonslegende und Kalthoffs Christusproblem. Protest, in: Bremer Nachrichten, Nr. 325, Sonntag, 25. November 1906, Bremen 1906.

- Burggraf, Pastor, Die Napoleon-Legende und Kalthoffs Christusproblem, in: Bremer Nachrichten, Nr. 321, Mittwoch, 21. November 1906, Bremen 1906.

- Ders., Die Napoleon-Legende und Kalthoffs Christusproblem, in: Bremer Nachrichten, Nr. 324, Sonnabend, 24. November 1906, Bremen 1906.

- Buurmann, U., Pastor Steudel und der „Kulturkämpfer", in: Einsendungen zum Thema: Napoleonslegende und Kalthoffs Christusproblem. Protest, in: Bremer Nachrichten, Nr. 325, Sonntag, 25. Novembert 1906, Bremen 1906.

- Hat Christus überhaupt gelebt? In: Kleine Presse, 8. Januar 1908, Frankfurt a.M. 1908.

- Freese, Jr., Der Vorstand des Protestantischen Reform-Vereins, Berlin 1880.
- Harl, Julius, „Die Weltreligionen", in: Der Tag, 2. Februar 1908, Berlin 1908.
- Harnack, A., Als die Zeit erfüllet war, in: Die christliche Welt. Evangelisches Gemeindeblatt für Gebildete aller Stände, 13. Jg., Nr. 51, 21. Dezember 1899, Marburg 1899, 1201-1204.
- Henke, O., Zum Napoleonproblem, in: Bremer Nachrichten, Nr. 321, Mittwoch, 21. November 1906, Bremen 1906.
- Ders., Zum Napoleonproblem, in: Bremer Nachrichten, Nr. 324, Sonnabend, 24. November 1906, Bremen 1906.
- Ders., Zum Napoleonproblem. Letzte Erklärung, in: Bremer Nachrichten, Nr. 327, Dienstag, 27. November 1906, Bremen 1906.
- Ders., Zum Problemstreit. Ein Wort zur Klärung und zum Frieden von O. Henke, Gymnasialdirektor, Bremen 1906.
- „Hat Jesus überhaupt gelebt?", in: General-Anzeiger für Frankfurt a.M., 8. Januar 1908, Frankfurt a.M. 1908.
- Was wissen wir von Jesus?, in: Bremer Nachrichten, 162. Jg., Nr. 8, Zweites Blatt, Freitag, 8. Januar 1904, Bremen 1904.

- Kirchhoff, Richter, Einsendungen zum Thema: Napoleonslegende und Kalthoffs Christusproblem. Protest, in: Bremer Nachrichten, Nr. 325, Sonntag, 25. Novembert 1906, Bremen 1906.

- Knellwolf, Arnold, Kalthoff, der Prophet der Zukunft-Religion. Vortrag gehalten im freisinnigen Verein St. Theodor zu Basel von Arnold Knellwolf, Pfarrer in Lugano, in: Separatabdruck aus „Die Sonntagspost", Wochenbeigabe des „Landboten" und Tagblatt der Stadt Winterthur, Basel 1908.

- Lipsius, Friedrich, Das gestörte Hochzeitsfest, in: Das Blaubuch, Berlin 1906, 1607-1611.

- Mehring, Franz, Das Chistus-Problem, in: Neue Zeit, Jg. 1902/03, Nr. 13.

- Ein Plagiator als Satiriker, in: Bremer Bürgerzeitung, Nr. 276, Montag, den 26. November 1906, Bremen 1906.

- Protestantenverein, in: Bremer Nachrichten, 5. Januar 1904, Bremen 1904.

- Die Redaktion, Brief, in: Bremer Nachrichten, Nr. 327, Dienstag, 27. November 1906, Bremen 1906.

- Schramm, A., Unsere Hoffnung in schwerer Zeit. Rede gehalten von Dr. Schramm, Domprediger in Bremen, Berlin 1879.

- Steudel, Fr., Herr Gymnasialdirektor Henke und die sogenannte Napoleonlegende, in: Bremer Nachrichten, Nr. 323, Freitag, 23. November 1906, Bremen 1906.

- Ders., Die Napoleon-Legende und Kalthoffs Christusproblem, in: Bremer Nachrichten, Nr. 320, Dienstag, 20. November 1906, Bremen 1906.

- Ders., Ein Streiflicht auf die theologische Wissenschaft, Bremen 1903.

- Moderne Theologen, in: Bremer Nachrichten, 162. Jg., Nr. 3, 3. Januar 1904, Bremer Angelegenheiten, Bremen 1904.

- Werckshagen, C., Bremisches Kirchentum, in: Kirchliche Rundschau, 16. August 1905, Bremen 1905.

XIV. Zeitungsausschnitte zum Monismus:

- Albert Kalthoff, Religiöse Weltanschauung, in: Aktuelles religiöses Leben, Bremen 1903.

- Bremen, in: Chronik der Christlichen Welt, 26.12.1907, Leipzig 1907.

- Esser, G., Die Enzyklika Pascendi dominici gregis und ihre Kritiker in der Internationalen Wochenschrift, in: Kölnische Volkszeitung, 4. Feb. 1908, Köln a.R. 1908.

- Freidenkerversammlung, in: Barmer Zeitung, Barmen 1904.

- Drei bremische Pastoren, in: Berliner Tageblatt, 25.8.1904, Dies und Jenes, Berlin 1904.

- Schmidt, Heinrich, Der Deutsche Monistenbund, Sonderabdruck aus der Frankfurter Halbmonatsschrift „Das freie Wort", V. Jg., Nr. 21, Erstes Februarheft, Frankfurt 1906.

- Holländische Theologen über Kalthoff, in: Holländische Abendpost, Gravenhage 1906.

XV. Artikel zu den Zukunftsidealen und zum Zeitalter der Reformation:

- Albert Kalthoff, in: Berliner Börsen-Courier, 17.11.1907, Hier und dort, Berlin 1907.
- Albert Kalthoff, in: Berliner Tageblatt, 18. Dezember 1907, Berlin 1907.
- Albert Kalthoff, in: Hamburger Nachrichten, 21. Dezember 1907, Hamburg 1907.
- Albert Kalthoff, in: Die Wartburg, 3.1.1908, Bücherschau, München 1908.
- Albert Kalthoff: Das Zeitalter der Reformation, in: Bremer Nachrichten, 3. Mai 1907, Bremen 1907.
- Albert Kalthoff. Das Zeitalter der Reformation, in: Neue Hamburgische Börsenhalle, 18. Mai 1907, Hamburg 1907.
- Albert Kalthoff, das Zeitalter der Reformation, in: Ethische Kultur, 30.7.1907, Berlin 1907.
- Albert Kalthoff, das Zeitalter der Reformation, in:Renaissance, Nr. 12, Leipzig 1907.

- Albert Kalthoff, Zukunftsideale, in: Deutsche Zeitung, 14. April 1907, Berlin 1907.
- Albert Kalthoff. Zukunftsideale, in: Berliner Tageblatt, 8. Mai 1907, Berlin 1907.
- Bernhart, Joseph, Ein neues Buch über die Reformation, in: Hochland, 1. Oktober 1907, Rundschau: Religion, München / Kempten i. Allgäu 1907, 112-114.
- Neue Bücher, in: Der Bund, 13. Juni 1907, Bern 1907.
- Helms, Albert, Modernes Christentum, in: Neue Hamburger Zeitung, 2.11.1907, Hamburg 1907.
- Heussi, K., Von Albert Kalthoff, in: Evangelische Freiheit, Kiel 1907.
- Kalthoff und der Katholizismus, in: Märkische Volkszeitung, 15.6.1907, Berlin 1907.
- Literarisches, in: Itzehoer Nachrichten, 29. August 1907, Itzehoe 1907.
- Schmid, Albert, Kalthoffs „Zukunftsideale", in: Bremer Nachrichten, Bremen 1906.
- Steudel, Friedrich. Aus dem Nachlaß Kalthoffs, in: Das Blaubuch, 16. Mai 1907, Berlin 1907.

- Strecker, Dr., Das Christusproblem / Die Entstehung des Christentums, in: Büchertisch, Bremen 1908.
- Ders., Das Zeitalter der Reformation, in: Büchertisch, Bremen 1908.
- Ders., Zukunftsideale, in: Büchertisch, Bremen 1908.
- Theologie, in: Kölnische Zeitung, 24. Juli 1907, Köln a.Rh. 1907.
- Weitbrecht, Richard, Von Religion und Konfession, in: Deutsche Zeitung, 29. September 1907, Literarische Rundschau, Berlin 1907.
- Ein nachgelassenes Werk von Albert Kalthoff „Das Zeitalter der Reformation", in: Bremer Tageblatt und General-Anzeiger, Nr. 127, 4. Blatt, Sonntag, den 2. Juni 1907, Bremen 1907.
- Das Zeitalter der Reformation, in: Hamburger Fremdenblatt, 25. August 1907, Hamburg 1907.
- Das Zeitalter der Reformation, in: Heidelberger Zeitung, 14. August 1907, Heidelberg 1907.
- Das Zeitalter der Reformation, in: Kölnische Volks-Zeitung, 27. Juli 1907, Köln a.Rh. 1907.
- Das Zeitalter der Reformation, in: Allgemeine Zeitung, 10. Oktober 1907, Bücher und Zeitschriften, München 1907.

- Das Zeitalter der Reformation. Nach Albert Kalthoff, in: Die Wartburg, 3.1.1908, München 1908.

- Zukunftsideale, in: Hamburgischer Korrespondent, 8.12.1907, Buchbesprechungen, Hamburg 1907.

XVI. <u>Zeitungsnotizen zu Kalthoffs Tod:</u>

- Achelis, Ths., Albert Kalthoff. +, in: Weser-Zeitung, 18.5.1906, Bremen 1906.
- Die Aktion des hiesigen geistlichen Ministeriums gegen Kalthoff, in: Bremer Nachrichten, 18.5.1906, Bremen 1906.
- Albert Kalthoff +, in: Barmer Zeitung, 15. Mai 1906, Barmen 1906.
- Albert Kalthoff +, in: Berliner Tageblatt, 12. Mai 1906, Berlin 1906.
- Albert Kalthoff +, in: Bremer Schulblatt, 10. Juni 1906, XI. Jg., Nr. 9. Bremen 1906.
- Albert Kalthoff +, in: Düsseldorfer Zeitung, 13. Mai 1906, Kunst und Wissenschaft, Düsseldorf 1906.
- Albert Kalthoff +, in: Volkszeitung, 12. Mai 1906, Berlin 1906.
- Albert Kalthoff +, in: Vossische Zeitung, 12. Mai 1906, Berlin 1906.
- Aus Anlaß des Todes Albert Kalthoffs, in: Hessische Post, 15. Mai 1906, Cassel 1906.
- Die Bauherren, Kirchhoff, Dr. / Koch, A., Dr. Albert Kalthoff, Pastor zu St. Martini, in: Bremer Nachrichten, 12. Mai 1906, Bremen 1906.

- Dies., St. Martini-Kirche, in: Bremer Nachrichten, 15. Mai 1906, Bremen 1906.
- Das Begräbnis eines evangelischen Pfarrers, in: Westfälischer Merkur, 6.6.1906, Münster 1906.
- Das „Begräbnis" eines evangelischen Pfarrers, in: Germania, 3.6.1906, Berlin 1906.
- Die Beisetzung Albert Kalthoffs, in: Bremer Nachrichten, 17.5.1906, Bremen 1906.
- Ein Bildnis Dr. Kalthoffs, in: Bremer Nachrichten, 27. Mai 1906, Bremen 1906.
- Bremen, 11. Mai, in: Germania, 13.5.1906, Kleine Nachrichten, Berlin 1906.
- Bremen, 11. Mai, in: Neumärkische Zeitung, 13.5.1906, Landsberg a.W. 1906.
- Bremen, 11. Mai, in: Weser-Zeitung, 12. Mai 1906, Bremen 1906.
- Bremen, 11. Mai, in: Wilhelmshavener Tageblatt u. amtl. Anzg., 13. Mai 1906, Wilhelmshaven 1906.
- Bremen, 11. Mai 1906. (Drahtber.), in: Kölnische Volkszeitung, 12. Mai 1906, Köln 1906.

- Bremen, 14. Mai, in: Weser-Zeitung, 14.5.1906, Bremen 1906.
- Bremen, 16. Mai, in: Weser-Zeitung, 16.5.1906, Bremen 1906.
- Bremen, den 17. Mai, in: Hamburgischer Correspondent, 18.5.1906, Aus den Nachbargebieten, Hamburg 1906.
- Bremer „Atheismusstreit", in: Vossische Zeitung, 29.5.1906, Berlin 1906.
- Aus dem Bremer „Atheismusstreit", in: Breslauer Morgen-Zeitung, 1. Juni 1906, Breslau 1906.
- Die Feier zum Gedächtnis von Pastor Dr. Albert Kalthoff, in: Bremer Nachrichten, 15.5.1906, Bremer Angelegenheiten, Bremen 1906.
- Die Gedächtnisfeier für Albert Kalthoff, in: Bremer Nachrichten, Mittwoch, 16. Mai 1906, Zweites Blatt, Bremen 1906.
- Dr. Albert Kalthoff, in: Brandenburger Zeitung, 13. Mai 1906.
- Dr. Albert Kalthoff +, in: Bremer Courier, 61. Jg., Nr. 221, Sonnabend, 13. Mai 1906, Zweites Blatt, Bremen 1906.
- Dr. Albert Kalthoff +, in: Bürger-Zeitung, 12. Mai 1906, Bremen 1906.
- Dr. Albert Kalthoff +, in: Hannoverscher Courier, 12. Mai 1906, Kleines Feuilleton, Hannover 1906.

- Dr. Albert Kalthoff +, in: Prager Tagblatt, 12. Mai 1906, Prag 1906.
- Dr. Albert Kalthoff +. (Aus den Stimmen der Presse.), in: Zweites Blatt zu Nr. 112 des „Bremer Tageblatt und General-Anzeiger", Dienstag, 15. Mai 1906, Bremen 1906.
- Dr. Kalthoff +, in: Leipziger Tageblatt, 12. Mai 1906, Leipzig 1906.
- Drews, Arthur, Kalthoffs „Modernes Christentum", in: Bremer Nachrichten. General-Anzeiger für Bremen und Umgegend, Sonntag, 20. Mai 1906, 164. Jg., Nr. 137, Fünftes Blatt, Bremen 1906.
- Die Einäscherung im Hamburger Krematorium, in: Bremer Nachrichten, 17.5.1906, Bremen 1906.
- Die Einäscherung der Leiche Albert Kalthoffs, in: Bürger-Zeitung, 16. Mai 1906, Bremen 1906.
- Elternbund, in: Bremer Angelegenheiten, 11. Mai 1906, Bremen 1906.
- Emde, R., Bremen, in: Protestantenblatt. Beilage Nr. 20, 19. Mai 1906, Zur kirchlichen Zeitgeschichte, Berlin / Bremen 1906, 478.
- Goethebund, Kalthoff-Feier, Bremen 1906.
- Deutscher Goethebund, in: Altonaer Nachrichten, 9.6.1906, Hamburg 1906.

- H.D., In Dr. Albert Kalthoff, in: Hamburgischer Correspondent, 15.5.1906, Hamburg 1906.
- Kalthoff, in: Pforzheimer Anzeiger, 16.51906, Pforzheim 1906.
- Kalthoffs Platz ist noch verwaist, in: Bremer Bürgerzeitung, Bremen 1907.
- Ueber Kalthoff, in: Das Reich, 18.5.1906, Kirche und Schule, Berlin 1906.
- Ein lustiges Ketzerbraten, in: Brandenburger Zeitung, 23. Mai 1906, Berlin 1906.
- Kirche und Bildung, in: Hamburger Fremdenblatt, 18. Mai 1906, Politische Uebersicht, Hamburg 1906.
- Landsberg, Hans, Das Glaubensbekenntnis Albert Kalthoffs, in: Leipziger Tageblatt, 15. Mai 1906, Feuilleton, Leipzig 1906.
- Der bekannte Bremer Pastor Dr. A. Kalthoff, in: Königsberger Hartungsche Zeitung, 12. Mai 1906, Kunst und Wissenschaft, Königsberg 1906.
- Meyer, Karl Hermann, Albert Kalthoff, in: Bremer Nachrichten, 17.5.1906, Bremen 1906.

- Michaelis, Paul, Kalthoff. Ein Nachruf, in: Berliner Tageblatt und Handels-Zeitung, Nr. 240, XXXV. Jg., Sonnabend, 12. Mai 1906, Abend-Ausgabe, Berlin 1906.
- Middendorf, J., Albert Kalthoff, in: Bremer Nachrichten, 17.5.1906, Bremen 1906.
- Das geistliche Ministerium in Bremen und Pastor Dr. Kalthoff, in: Bremer Nachrichten, 26. Mai 1906, Bremen 1906.
- Ein Nachruf Haeckels für Kalthoff, in: Volkszeitung, 6.7.1906, Berlin 1906.
- Pastor A. Kalthoff +, in: Provinzialzeitung, 13. Mai 1906, Geestemünde 1906.
- Pastor Dr. Albert Kalthoff, in: Basler Nachrichten, 16.5.1906, Basel 1906.
- Pastor Dr. Albert Kalthoff +, in: Bremer Nachrichten. General-Anzeiger für Bremen und Umgegend, 164. Jg., Nr. 129, Sonnabend, 12. Mai 1906, Drittes Blatt, Bremen 1906.
- Pastor Dr. Albert Kalthoff, in: Hamburger Echo, 13. Mai 1906, Hamburg 1906.
- Pastor Dr. Albert Kalthoff, in: Der Weltspiegel, 20.5.1906, Beilage zum Berliner Tageblatt, Berlin 1906.

- Pastor Dr. Kalthoff, in: Deutschland, 17.5.1906, Weimar 1906.
- Pastor Dr. Kalthoff +, in: Die Flamme, 12.5.1906, Bremen 1906.
- Pastor Dr. Kalthoff, in: Kölnische Zeitung, 12, Mai 1906, Köln 1906.
- Pastor Dr. Kalthoff, in: Kölnische Zeitung, 14. Mai 1906, Köln 1906.
- Pastor Kalthoff, in: Vossische Zeitung, 15.5.1906, Berlin 1906.
- Pastor Kalthoff, in: Wiesbadener Tageblatt, 14. Mai 1906, Wiesbaden 1906.
- Pfannmüller, Gustav, Vom inneren Leben, in: Frankfurter Zeitung, 5. Juli 1906, Frankfurt a.M. 1906.
- Rade, Martin, Kalthoffs „Modernes Christentum", in: Bremer Nachrichten. General-Anzeiger für Bremen und Umgegend, Sonntag, 27. Mai 1906, 164. Jg., Nr. 144, Sechstes Blatt, Bremen 1906.
- Von geistlichen und andern Schnurrbärten, in: Basler Nachrichten, 24. Mai 1906, Basel 1906.
- Der Streit um des Pastors Bart, in: Saale-Zeitung, 20.5.1906, Halle a.S. 1906.
- Der Streit um des Pastors Bart, in: New-Yorker Staatszeitung, 4.6.1906, New York 1906.

- Tod des Pastors Kalthoff, in: Der Reichsbote, 19.5.1906, Berlin 1906.
- Den Tod Pastor Kalthoffs in Bremen, in: Nordhäuser Zeitung und Generalanzeiger, 19. Mai 1905, Nordhausen 1906.
- Zum Tode Albert Kalthoffs, in: Brandenburger Zeitung, 16. Mai 1906, Berlin 1906.
- Totenmahd, in: Kurzer Hand, Berlin 1906.
- Veeck, O., Bremen, in: Protestantenblatt. Beilage Nr. 20, 19. Mai 1906, Zur kirchlichen Zeitgeschichte, Berlin / Bremen 1906, 479f.
- Ein Vorgehen des hiesigen geistlichen Ministeriums gegen Pastor Dr. Kalthoff, in: Weser-Zeitung, 17.5.1906, Bremen 1906.
- Der Vorstand, Bildungsverein Lessing, Bremen 1906.

XVII. <u>Zeitungsartikel zu Kalthoffs Gedächtnis:</u>

- Arens, Fritz, Gedächtnisfeier für Albert Kalthoff. (Veranstaltet vom Goethebund.), in: Bremer Courier, 9.10.1906, Bremen 1906.
- Die Beisetzung Pastor Kalthoff´s, in: Bremer Courier, 17.5.1906, Bremer Sachen, Bremen 1906.
- Die Beisetzung der Urne mit Albert Kalthoffs irdischen Resten, in: Bremer Bürger-Zeitung, 18.5.1906, Bremen 1906.
- Bremische Kirchenblätter über Dr. Albert Kalthoff, in: Bremer Courier, 20.5.1906, Bremen 1906.
- Zu Dr. Albert Kalthoffs 100. Geburtstag. Ein Geist, der sich nicht beugen wollte, in: Bremer Presse, 4.3.1950, Bremen 1950.
- Die Einäscherung der Leiche Albert Kalthoffs, in: Bremer Bürger-Zeitung, 13.5.1906, Bremen 1906.
- Die Entstehung des Christentums. Neue Beiträge zum Christusproblem von Dr. A. Kalthoff. Betrachtungen eines Laien, I., in: Bremer Nachrichten, 29.12.1903, Bremen 1903.
- Die Entstehung des Christentums. Neue Beiträge zum Christusproblem von Dr. A. Kalthoff. Betrachtungen eines Laien, II., in: Bremer Nachrichten, 30.12.1903, Bremen 1903.

- Erinnerungsfeier für Dr. Albert Kalthoff, in: Bremer Nachrichten vom 12. Mai 1907, Bremen 1907.
- Geburts- und Sterbefälle, in: Bremer Nachrichten vom 13.5.1906, Bremen 1906.
- Gedächtnisfeier anläßlich des 100. Geburtstages von Pastor Dr. Albert Kalthoff, Bremen 1950.
- Zu einer Gedenkfeier für Albert Kalthoff, in: Bremer Nachrichten vom 13.5.1907, Bremer Angelegenheiten, Bremen 1907.
- Goethebund, Gedächtnisfeier für Albert Kalthoff, in: Bremer Nachrichten vom 7.10.1906, Bremen 1906.
- Ders., Kalthoff-Feier, in: Bremer Nachrichten, 10.10.1906, Bremen 1906.
- Kalthoff, Emma, (Statt jeder besonderen Anzeige.), in: Bremer Nachrichten vom 12.5.1906, Bremen 1906.
- „Kalthoff kann man nie vergessen", in: Bremer Presse, 8.3.1950, Bremen 1950.
- Kalthoff-Feier des Goethebundes, in: Bremer Nachrichten vom 3.10.1906, Bremer Angelegenheiten, Bremen 1906.
- Kalthoff-Feier des Goethebundes, in: Bremer Nachrichten vom 7.10.1906, Bremen 1906.

- Kirchenzettel. Sonntag, den 12. Mai, in: Bremer Nachrichten vom 11. Mai 1907, Bremen 1907.

- „...als Mensch auf Menschen zu wirken". „Kandidaten der Theologie dürfen keinen Vollbart tragen" – Der Revolutionär auf der Kanzel, in: Weser-Kurier vom 4. März 1950, 6. Jg., Nr. 53, 1. Beiblatt, Bremen 1950.

- Oberhof, Johannes, Albert Kalthoff, geb. am 5.3.1850, Pastor an St. Martini von 1888-1906, zum Gedenken, in: St. Martini. Gemeindenachrichten, 4. Jg., Nr. 4, 1. April 1950, Bremen 1950.

- Ders., Albert Kalthoffs Kampf und „Bekennertum", in: Bremer Nachrichten vom 4. März 1950, 208. Jg., Nr. 53, Bremen 1950.

- Pastor A. Kalthoff +, in: Bremer Courier, 12.5.1906, Bremer Sachen, Bremen 1906.

- Pastor Dr. phil. A. Kalthoff +, in: Bremer Kirchen-Blatt, 20.5.1906, Bremer Sachen, Bremen 1906.

- Pastor Mauritz über Kalthoff, in: Bremer Courier, 18.5.1906, Bremen 1906.

- Steudel, Fr., Kalthoff zum Gedächtnis, in: Bremer Nachrichten vom 11. Mai 1931, Bremen 1931.

XVIII. Erwähnungen des verstorbenen Kalthoff:

- „Kritische Beiträge zur Entstehungsgeschichte des Christentums" von Dr. B. Kellermann, in: Königsberger Hartung´sche Zeitung, Theologische Literatur, Königsberg i.Pr. 1907.

- Bremen, 12. Juli, in: Germania, 13.7.1907, Berlin 1907.

- Aus Bremen, in: Chronik der Christlichen Welt, 2. Mai 1907, Leipzig 1907.

- Burckhard, Max, Der neue Syllabus, in: Pester Lloyd, 28. Juli 1907, Budapest 1907.

- Frankfurt, 22. Juli, in: Frankfurter Zeitung, 22. Jul. 1907, Frankfurt a.M. 1907.

- Die „Freunde der Christlichen Welt", in: Kölnische Volkszeitung, 7.8.1907, Köln a.R. 1907.

- Zweite Generalversammlung der Evangelischen Vereinigung in Brandenburg. (Eigener Bericht der „Täglichen Rundschau"), in: Tägliche Rundschau, 3. Mai 1907, Berlin 1907.

- Hamel, Richard, Ludwig Bräutigam „Meinungen", in: Nachrichten für Stadt und Land, 26. Juli 1907, Oldenburg 1907.

- Ideal und Wirklichkeit, in: Leipziger Neueste Nachricht, 7. Juli 1907, Leipzig 1907.
- Ingweiler, 20. Juli, in: Strassburger Post, 22. Juli 1907, Strassburg i.Els. 1907.
- Koltzau, Th., Liberal – Modern – Orthodox. Ein Wort zum Lehrplanentwurf des Protestantenvereins, in: Pädagogische Reform, Nr. 18, Mittwoch, den 8. Mai 1907, Hamburg 1907.
- Die Bremer Landeskirche, in: Tägliche Rundschau, 26.4.1907, Kirche und Schule, Berlin 1907.
- Liberalismus und Monismus, in: Hannoverscher Courier, 3. August 1907, Literarische Chronik, Hannover 1907.
- Lipsius, Friedrich, Zu Kalthoffs Gedächtnis. Rede, gehalten in der St.-Martinikirche zu Bremen am 12. Mai 1907, in: Das Blaubuch, 4. Juli 1907, Berlin 1907, 820-825.
- Moll, H., „Die Schulmeister“, in: Die Wacht, 25. Mai 1907, Eilenburg 1907.
- Der Nachfolger Kalthoffs, in: Deutsche Tageszeitung, 13. Juli 1907, Berlin 1907.
- Eine sonderbare Pfarrerwahl, in: Neisser Zeitung, 21. Juli 1907, Neisse 1907.

- Reinke über den Monismus und Haeckel, in: Deutsche Kultur, Kulturpolitik, Leipzig 1907, 222-230.
- Reinkes „Tat!“, in: Das freie Wort, Kleine Mitteilungen, Frankfurt a. Main 1907.
- Rosen, Kathinka v., Kirche, Religion und Sittlichkeit, in: Es werde Licht, Nr. 9, München 1907.
- Satow, Louis, Die alte und die neue Religion. Eine ungehaltene Rede gegen den Religionsunterricht, in: Pädagogische Reform. Zugleich Organ der „Hamburger Lehrmittel-Ausstellung“, hg. vom Vorstande der Garanten der „Pädagogischen Reform“, XXXI. Jg., Nr. 26, Mittwoch, den 26. Juni 1907, Hamburg 1907.
- Steudel, Friedrich, Zum Christusproblem, in: Das Blaubuch, 15. August 1907, Berlin 1907, 1007-1010.
- Ders., Friedrich Naumann vor dem Bankrott des Christentums, in: Das Blaubuch, 18.7.1907, Berlin 1907, 878-880.
- Ders., Reformation, in: Das Blaubuch, Nr. 1, Berlin 1906.
- Weinel, H., Jesus im neunzehnten Jahrhundert, in: Evangelische Freiheit, Berlin 1907.
- Christliche Welt und Liberalismus, in: Protestantenblatt, 8. Mai 1907, Berlin / Bremen 1907.

- Zimmer, Friedrich, Moderne Reformgedanken auf religiösem Gebiet, in: Der Tag, 17. August 1907, Berlin 1907.

XIX. Literatur zu St. Martini:

- Baumgart, Ulrich, Martini-Kongreß, in: Gemeindebrief der Evangelischen Kirchengemeinde St. Martini, Nr. 31, Juli-September 1998, Bremen 1998.

- Bestimmungen über Versetzung des Predigers der St. Martinikirche in den Ruhestand und dessen Ruhegehalt. Nach den Beschlüssen des Kirchenconvents vom 10. Juli und 18. December 1881.

- Forck, Thusnelda, Die Pastorenchronik von St. Martini, in: Wehowsky, W., St. Martini zu Bremen, Bremen 1960, 30-45.

- Evangelische Gemeinde zu St. Martini in der Altstadt zu Bremen (Hg.), St. Martini-Kirche in der Altstadt zu Bremen, Bremen 2003.

- Dies., Ordnung des Predigtgottesdienstes in der St. Martini-Kirche zu Bremen.

- Gesetze für die Witwen- und Waisenkasse des bremischen Ministeriums und des zu dieser Kasse gehörenden Legates der sel. Frau Dr. Keßler, auf Grund der im Jahre 1810 vom Ministerium approbierten Gesetze angenommen im Mai 1866, nebst späteren Zusätzen und Erläuterungen, Bremen 1903.

- Heitmann, Claus, St. Martini, in: ders., Von Abraham bis Zion. Die Ortsgemeinden der Bremischen Evangelischen Kirche, Bremen 1985, 40-44.

- Ders., St. Martini, in: ders., Von Abraham bis Zion, Bremen 2000, 43-47.

- Kirchenordnung der St. Martini-Gemeinde zu Bremen, Bremen 1911.

- Kirchenordnung der St. Martini-Gemeinde zu Bremen. Bestätigt durch Beschluß des Senats vom 23. April 1875, Bremen 1875.

- Schwebel, Karl H., St. Martini zwischen Bekenntniszwang und Glaubensfreiheit, in: Wehowsky, W., St. Martini zu Bremen, Bremen 1960, 18-30.

- Obrigkeitliche Verordnung, den stadtbremischen Pfarrverband betreffend. Publiciert am 30. April 1860, Bremen 1875.

- Wehowsky, Wolfgang, St. Martini zu Bremen. Eine Gemeinde und eine Kirche im Wandel der Zeiten. Anläßlich der Einweihung der wiederhergestellten Kirche, Bremen 1960.

XX. Literatur zu Bremen:

- Ein Bürger, „Predigerkollegium der Stadt Bremen", in: Bremer Nachrichten. Generalanzeiger für Bremen und Umgegend, 163. Jg., Nr. 52, Zweites Blatt, Dienstag, 21. Februar 1905, 5f.

- Büttner, K., Die evangelische Kirche im Staate Bremen. §2 Ihr Pfarrersland, in: M. Schian (Hg.), Evangelische Kirchenkunde, 6. Teil. Die evangelischen Kirchen in Niedersachsen, dargestellt von Ernst Rolffs, Tübingen 1917, in: O. Rudloff, HE 16, 9-12.

- Burggraf, Julius, Was nun? Aus der kirchlichen Bewegung und wider den kirchlichen Radikalismus in Bremen, Gießen 1906.

- Donat, Helmut / Jung, Reinhard, „Mit Gott dem Herrn zum Krieg"?: Bremer Pastoren für den Frieden vom Kaiserreich bis zur Ära Adenauer, Bremen 1988.

- Ders. / Röpke, Andreas (Hg.), „Nieder die Waffen – die Hände gereicht!" Friedensbewegung in Bremen 1898-1958. Katalog der gleichnamigen Ausstellung, Bremen 1989.

- Einsendungen zur Organisation der bremischen Geistlichen. Das Predigerkollegium der Stadt Bremen, in: Bremer Nachrichten, 163. Jg., Nr. 52, 21. Februar 1905, 5.

- Gerold, Wilhelm, die Verfassung der Bremischen Evangelischen Kirche, in: Hamburgische Universität, Abhandlungen und Mitteilungen aus dem Seminar für Öffentliches Recht, Heft 24, Hamburg 1931.

- Freie Hansestadt Bremen, Staatsbürger-Eid, Bremen 1800.

- Krieg, Gustav Adolf Otto, Text – Predigt – Gesellschaft. Ein Kapitel Bremische Predigtgeschichte. Sonderdruck aus Hospitium Ecclesiae [HE], Forschungen zur Bremischen Kirchengeschichte, Bd. 18, Bremen 1991, Ss. 155-178.

- Lührs, Wilhelm (Hg.), Übersicht über die Bestände des Staatsarchivs der Freien Hansestadt Bremen. Veröffentlichungen aus dem Staatsarchiv der Freien Hansestadt Bremen, bearbeitet von Klaus Schwarz, Bd. 48, Bremen 1982.

- Moring, Karl-Ernst, die Sozialdemokratische Partei in Bremen 1890-1914. Reformismus und Radikalismus in der Sozialdemokratischen Partei in Bremen, Schriftenreihe des Forschungsinstituts der Friedrich-Ebert-Stiftung, Historisch-politische Schriften, Hannover 1968.

- Zur Bremischen Pfarrergeschichte. Bremer Pastoren, in: Die „Maus". Gesellschaft für Familienforschung e.V., Bremen, XIX d2b.

- Ein liberaler Prediger, An den Verfasser des Sprechsaalartikels „Authentisches über den Zweck der Organisierung der bremischen Geistlichen.", in: Bremer Nachrichten, 163. Jg. Nr. 52, 21. Februar 1905, 5.

- Prüser, F., Art.: Bremen, in: RGG³, Bd. 1, 1395-1397.
- Röpke, Andreas (Hg.), Bremische Kirchengeschichte im 19. und 20. Jahrhunder, Bremen 1994.
- Roland. Monatsschrift für freiheitliche Erziehung in Haus und Schule, hg. von einer Vereinigung Bremischer Lehrer, IV. Jg., Heft 4, Hamburg 1908.
- Schwarzwälder, Heribert, Das Große Bremen-Lexikon, Bremen 2002.
- Ders., Geschichte der Freien Hansestadt Bremen, Bd. II: Von der Franzosenzeit bis zum Ersten Weltkrieg (1810–1918), Bremen 1995.
- Schwebel, Karl H., Der Bremer kirchliche Liberalismus im 19. Jahrhundert. Erweiterte und mit Anmerkungen versehene Fassung eines am 30. Mai 1978 auf der Jahrestagung der Gesellschaft für niedersächsische Kirchengeschichte in Nienburg / Weser gehaltenen Vortrages. Sonderdruck aus dem Jahrbuch der Gesellschaft für Niedersächsische Kirchengeschichte, 76. Bd., Bremen 1978.
- Veeck, O., Geschichte der Reformierten Kirche Bremens, im Auftrag des Ministeriums der stadtbremischen Pfarrkirchen, Bremen 1909.
- Wulff, Hinrich, Geschichte und Gesicht der bremischen Lehrerschaft. Gestalten und Generationen aus hundert Jahren (1848-1948). Ein Beitrag zur Geschichte der deutschen Volksschule, 2 Bände, Bremen 1950.

XXI. Literatur zum Christusproblem:

- Van den Bergh van Eysinga, G.A., GWS IV, Rotterdam 1948, 3-28.
- Bousset, W., Jesus, Halle 1904.
- Ders., Das Wesen der Religion dargestellt an ihrer Geschichte, Halle 1904.
- Kaftan, Julius, Jesus und Paulus. Eine freundschaftliche Streitschrift gegen die Religionsgeschichtlichen Volksbücher von D. Bousset und D. Wrede, Tübingen 1906.
- Kümmel, W. G., Art.: Bibelwissenschaft des NT, Religionsgeschichtliche Methode, in: RGG³, Bd. 1: A – C, Tübingen 1986, 1243-1246.
- Ruperti, Justus, Wider den „neuen Glauben" des Herrn Dr. Schwalb in Bremen. Critische Bemerkungen von Justus Ruperti, luth. Pastor an der Kreuzkirche in Bremerhaven. „Das allerneueste Christenthum ist das allerneueste Heidenthum." Mallet, Altes u. Neues, pag. 206. Der Ertrag ist für die Nothleidenden in Aremberg-Meppen, Bremerhaven 1868.
- Schwalb, Moritz, Der alte und der neue Glaube an Christus. Ein Vortrag im Protestanten-Verein gehalten von Dr. Moritz Schwalb, Prediger an der St. Martini-Kirche in Bremen, Bremen 1868.

- Ders., Ist Jesus der Erlöser? Sieben Kanzelreden gehalten von Moritz Schwalb, Dr. theol., Prediger an der reformirten Kirche St. Martini zu Bremen. „Wo Begriffen fehlen, Da stellt ein Wort zur rechten Zeit sich ein ... An Worte läßt sich trefflich glauben." (Goethe), Bremen 1894.

- Schweitzer, Albert, Geschichte der Leben-Jesu-Forschung, 9. Aufl., Tübingen 1984, 361-365.

- Strauß, David Friedrich, Der alte und der neue Glaube. Ein Bekenntnis, Bonn 1895.

- Ders., Das Leben Jesu, Heilbronn 1864.

- Ders., Streitschriften zur Vetheidigung meiner Schrift über das Leben Jesu und zur Charakteristik der gegenwärtigen Theologie. Erstes Heft: Herr Dr. Steudel oder die Selbsttäuschungen des verständigen Supranaturalismus unserer Tage, Tübingen 1837.

- Zahn, F.M., Der alte und der neue Glaube an Christus oder Glaube und Unglaube. Offenes Sendschreiben an Herrn Dr. Schwalb. Der Ertrag ist für die Nothleidenden in Ostpreußen bestimmt, Bremen 1868.

XXII. Literatur zu Sozialismus, Pazifismus, Liberalismus, Radikalismus und Protestantenverein:

- Achelis, Th., Zur Psychologie und Kritik des Radikalismus, in: Nord und Süd. Eine deutsche Monatsschrift, Sonderabdruck aus Heft 367, Berlin 1907.

- Christlieb, M. (Hg.), Der Wegweiser. Kalender des Deutschen Protestantenvereins, Kaiserslautern 1905.

- Graß, H., Art.: Liberalismus III., Theologischer und Kirchlicher Liberalismus, in: K. Galling (Hg.), Die Religion in Geschichte und Gegenwart. Handwörterbuch für Theologie und Religionswissenschaft [RGG], Bd. 4: Kop – O, Tübingen 1986³, 351-355.

- Hönig, D., Der deutsche Protestantenverein, Bremen 1904.

- Kalthoff, Max, Vom Gegensatz und vom Unterschied, in: Bloch, Joseph (Hg.), Sozialistische Monatshefte, 35. Jg., 68. Bd., 6. Heft, Berlin 1929, 504f.

- Ders., Mensch, in: Sozialistische Monatshefte, 35. Jg., 69. Bd., 11. Heft, 1929, 1013.

- Ders., Vom Segen der Krankheit, in: Sozialistische Monatshefte, 34. Jg., 67. Bd., 10. Heft, 869-871.

- Ders., Schöpfung, in: Sozialistische Monatshefte, 36. Jg., 71. Bd., 7. Heft, 1930, 671.
- Ders., Vom Sieg, in: Sozialistische Monatshefte, 34. Jg., 67. Bd., 12. Heft, 1928, 1082f.
- Ders., Vom Sport, in: Sozialistische Monatshefte, 35. Jg., 69. Bd., 8. Heft, 1929, 717-719.
- Hermes Handlexikon. Die Friedensbewegung. Organisierter Pazifismus in Deutschland, Österreich und in der Schweiz, hg. von Helmut Donat und Karl Holl, mit einem Vorwort von Dieter Lattmann, Düsseldorf 1983.
- Nigg, Walter, Geschichte des religiösen Liberalismus. Entstehung – Blütezeit – Ausklang, Zürich / Leipzig 1937.
- Schrey, H. H., Art.: Sozialismus II., Religiöser Sozialismus, in: RGG³, Bd. 6, 181-186.

XXIII. Literatur zu Darwin, Haeckel, Monismus und Monistenbund:

- Altner, Günter, Charles Darwin und Ernst Haeckel. Ein Vergleich nach theologischen Aspekten mit einem Geleitwort von Wulf Emmo Ankel, in: Theologische Studien. Eine Schriftenreihe, hg. v. Karl Barth und Max Geiger, Zürich 1966.

- Breitenbach, W., Der Zusammenschluß der freien Geister, in: Schmidt, Heinrich (Hg.), Blätter des Deutschen Monistenbundes, s.u., 10f.

- Buisson, Zur Beherzigung für alle Freisinnigen, die von der Kirche nichts wissen wollen! In: Korrespondenzblatt für Kirchliche Reform. Begründet vom Protestantischen Reform-Verein zu Berlin. Redaction: Prediger Dr. Kalthoff, Steglitz bei Berlin, II. Jg., Nr. 9, Berlin 1882, 70f.

- Eberle, C., Monistische Religion, in: Freie Glocken. Wochenschrift zur Förderung der monistischen Vernunfts-Religion, begründet von Ludwig Würkert, hg. von Arth. Teichmann, 31. Jg, Nr. 35, Leipzig 1905, 139f.

- Das Glaubensbekenntnis des Monismus, in: Prospect des Buches „Die Einheitslehre (Monismus) als Religion" von J. Ad. Bulova, Prag / Karolinenthal 1906.

- Goldbeck, Eduard, Darwin als Popanz, in: Das Blaubuch, s.o. Jg. 1, Nr. 19, Berlin 1906, 762-765.Felden, Emil, Alles oder Nichts?

Kanzelrede über Henrik Ibsens Schauspiele von Emil Felden, Pastor prim. An St. Martini in Bremen, Leipzig 1911.

- Haeckel, Ernst, Die Welträtsel. Gemeinverständliche Studien über monistische Philosophie. Elfte verbesserte Auflage der Hauptausgabe, Alfred Kröner Verlag in Leipzig, 1919, typokraphisch modernisierter Nachdruck, Lizenzausgabe des Alfred Kröner Verlages Stuttgart, mit einer Einleitung versehen von Olof Klohr, Akademie-Verlag, Berlin 1960.

- Heberer, G., Art.: Haeckel, Ernst, in: RGG³, Bd. 3: H – Kon, Tübingen 1986, 10f.

- Ilgenstein, Heinrich / Kienzl, Hermann (Hg.), Das Blaubuch. Wochenschrift für öffentliches Leben, Literatur und Kunst, begründet von Albert Kalthoff, 2. Jahrgang, 1907, 2. Quartal, Berlin 1907.

- Ders., Majestätisch geruht ..., in: ders. / Kienzl, Hermann (Hg.), Das Blaubuch. Wochenschrift für öffentliches Leben, Literatur und Kunst, begründet von Albert Kalthoff, 2. Jahrgang, 1907, 2. Quartal, Berlin 1907, 813-819.

- Kerst, Helene, Das Ende, in: Heinrich Ilgenstein / Kienzl, Hermann (Hg.), Das Blaubuch. Wochenschrift für öffentliches Leben, Literatur und Kunst, begründet von Albert Kalthoff, 2. Jahrgang, 1907, 2. Quartal, Berlin 1907, 835-838.

- Klohr, Olof, Einleitung, in: Ernst Haeckel, Die Welträtsel, s.o., Berlin 1960, V-XLVI.

- Leeuw, v. d., Art.: Monismus I. Religionsgeschichtlich, in: RGG, Handwörterbuch für Theologie und Religionswissenschaft, 2. Aufl., Vierter Band: Mi – R, Tübingen 1930, 171f.

- Lissauer, Ernst, Hymnus, in: Ilgenstein, Heinrich / Kienzl, Hermann (Hg.), Das Blaubuch. Wochenschrift für öffentliches Leben, Literatur und Kunst, begründet von Albert Kalthoff, 2. Jahrgang, 1907, 2. Quartal, Berlin 1907, 839.

- Lorenz, R., Art.: Monismus II, Philosophisch, in: RGG³, Bd. 4, 1100-1002.

- Ders., Art.: Monistenbund, in: RGG³, Bd. 4, 1102.

- Monismus und Dualismus, in: Freie Glocken, 31. Jg., Nr. 39, 155f.

- Scharrelmann, Heinrich, Zum Weltgeschichtsunterricht, in: Roland, s.o., 76-82.

- Schmidt, Heinrich (Hg.), Blätter des Deutschen Monistenbundes, Nr. 1, Juli 1906.

- Ders., Gott, in: ders. (Hg.), Blätter des Deutschen Monistenbundes, s.o., 4-6.

- Ders. (Hg.), Der Deutsche Monistenbund im Preußischen Herrenhaus (Reinke contra Haeckel). Eine aktenmäßige Darstellung, mit Einleitung ung Anmerkungen, Brackwede i.W. 1907.

- Schmuck, Hilmar / Gorzny, Willy, Art: Schriften des protestantischen Reform-Vereins zu Berlin, in: dies., GV 1700 –1910, Bd. 129: Schon – Schril, 1985, 432f.

- Sedlmayr, Lorenz (Hg.), Thesen des modernen Monismus und Humanismus (Einheitsweltanschauung und wahres Menschentum) nebst Weckruf und Liste freier Zeit- und Wochenschriften, Ulm 1907.

- Steinmann, Th., Art.: Monismus, in: RGG, 4. Bd.: Maaßen bis Rogge, Tübingen 1913, 463-466.

- Ders., Art.: Monismus II. Philosophisch, RGG, Handwörterbuch für Theologie und Religionswissenschaft, 2. Aufl., Vierter Band: Mi – R, Tübingen 1930, 172f.

- Storkebaum, Art.: Monisten und Monistenbund, in: RGG, 4. Bd.: Maaßen bis Rogge, Tübingen 1913, 466-468.

- Ströle, Albrecht, Art.: Monistenbund, in: RGG, Handwörterbuch für Theologie und Religionswissenschaft, 2. Aufl., Vierter Band: Mi – R, Tübingen 1930, 175-177.

- Titius, Art.: Monismus III. Naturwissenschaftlich, in: RGG, Handwörterbuch für Theologie und Religionswissenschaft, 2. Aufl., Vierter Band: Mi – R, Tübingen 1930, 173f.

- Weiß, Bruno, Monismus, Monistenbund, Radikalismus und Christentum, Bremen 1907.

XXIV. Literatur zu Nietzsche und Zarathustra:

- Althaus, Horst, Friedrich Nietzsche. Das Leben eines Genies im 19. Jahrhundert, Frankfurt a.M. 1993.
- Antes, Peter (Hg.), Große Religionsstifter: Zarathustra, Mose, Jesus, Mani, Muhammed, Nanak, Buddha, Konfuzius, Lao Zi, München 1992.
- Frenzel, Ivo, Friedrich Nietzsche mit Selbstzeugnisse und Bilddokumenten dargestellt, Reinbek bei Hamburg 1994.
- Gast, Peter (Hg.), Friedrich Nietzsche´s Wille zur Macht unter Mitwirkung von Elisabeth Förster-Nietzsche, Frankfurt a.M. / Leipzig 1992.
- Hasenfratz, Hans-Peter, Zarathustra, in: Antes, Peter (Hg.), Große Religionsstifter, s.o., 9-31.
- Ilgenstein, Heinrich, Nietzsche und Hölderlin, in: Das Blaubuch, Jg. 1, Nr. 21, Berlin 1906, 845-851.
- Kienzl, Hermann, Nietzsche – volkstümlich? in: ders. / Ilgenstein, Heinrich (Hg.), Das Blaubuch. Wochenschrift für öffentliches Leben, Literatur und Kunst, begründet von Albert Kalthoff, 2. Jahrgang, 1907, 2. Quartal, Berlin 1907, 826-834.

- Mann, Thomas, Die Philosophie Nietzsches im Lichte unserer Erfahrung, Frankfurt a.M. 1976.
- Nietzsche, Friedrich, Der Antichrist, Augsburg 1992.
- Ders., Dionysos-Dithyramben, Augsburg 1992.
- Ders., Ecce homo, Augsburg 1992.
- Ders., Zur Genealogie der Moral. Eine Streitschrift, Frankfurt a. M. / Leipzig 1991.
- Ders., Jenseits von Gut und Böse. Vorspiel einer Philosophie der Zukunft. Vollständige Ausgabe von „Jenseits von Gut und Böse“ nach dem Text der Ausgabe Leipzig 1886, Augsburg 1994.
- Ders., Der Wille zur Macht. Versuch einer Umwertung aller Werte, Nizza 1887.
- Ders., Also sprach Zarathustra. Ein Buch für alle und keinen, Ulm 1976.
- Nigg, Walter, Friedrich Nietzsche, in: ders., Prophetische Denker, Zürich 1957, 439-538.
- Prossliner, Johann (Hg.), Licht wird alles, was ich fasse. Lexikon der Nietzsche-Zitate. 2309 Zitate thematische geordnet. 35187 Stichwörter im Register, München 1999.

- Schlechta, Karl (Hg.), Nietzsche-Ausgabe, München 1967.

XXV. Prediger in Kalthoffs Umfeld:

- Bremische Biographie 1912 – 1962, hg. von der Historischen Gesellschaft zu Bremen und dem Staatsarchiv Bremen in Verbindung mit Fritz Peters und Karl H. Schwebel bearbeitet von Wilhelm Lührs, Bremen 1969.

- Donat, Helmut, Emil Felden – Ein Leben für Frieden, Freiheit und soziale Gerechtigkeit, in: ders., „Nieder die Waffen – die Hände gereicht!", s.u., 109-114.

- Funke, Marius, Emil Felden – Pastor, Politiker, Provokateur im Kampf um die Erneuerung von Kirche und Gesellschaft in Bremen, Wissenschaftliche Hausarbeit im Prüfungsgegenstand Religionskunde, Bremen 2001.

- Vereinigte Protestantische Gemeinde zur Bürgermeister-Smidt-Gedächtniskirche in Bremerhaven, Eine Gemeinde der Bremischen Evangelischen Kirche, 150 Jahre Grosse Kirche. Bürgermeister-Smidt-Gedächtniskirche. Festschrift, Bremerhaven 2005.

- Gerner-Breuerle, Maurus, Art.: Mauritz, in Bremische Biographie 1912-1962, hg. von der Historischen Gesellschaft zu Bremen und dem Staatsarchiv Bremen, in Verbindung mit Fritz Peters und Karl H. Schwebel, bearbeitet von Wilhelm Lührs, Bremen 1969, 331-333.

- Günther, Joachim, „Schlüssel" zum christlichen Mysterium, Bremerhaven 1954.

- Hohlwein, H., Art.: Steudel, Friedrich, in: RGG³, Bd. 6: Sh – Z, Tübinen 1986, 364f.
- Huntemann, Georg, Art.: Felden, in: Bremische Biographie 1912 – 1962, s.o., 144-147.
- Kalthoff, Horst, Art.: Felden, in: Biographisch-Bibliographisches Kirchenlexikon. Sonderdruck aus Band XXII, Bremen 1995, 316-319.
- Mühring, Frank, „Ein flammendes Bekenntnis zum Frieden". Pastor Hermann Raschke und der Widerstand in der NS-Zeit, in: Festschrift, Bremerhaven 2005, 24-26.
- Ders., Die Pastoren der Grossen Kirche – damals und heute, in: Festschrift, Bremerhaven 2005, 17-23.
- Nölle, Heinz, Art.: Steudel, in: Bremische Biographie 1912 – 1962, s.o., 501f.
- Bremer Pfarrerbuch. Die Pastoren der Bremischen Evangelischen Kirche seit der Reformation, Bd. 2: Die Pastoren, Biographische Angaben, bearbeitet von Pastor i.R. Hartwig Ammann, Bremen 1996.
- Rudolff, Ortwin, Die Prediger. Kurzbiographien: [Carl Julius Burggraf, Emil Jakob Felden, Otto Julius Funcke, Gustav David Otto Hartwich, Albert Kalthoff, Friedrich Eduard Steudel, Julius Thikötter, Ferdinand Karl Ludwig Hermann Weingart, Friedrich August Paul Zauleck] in: ders. (Hg.), Hospitium Ecclesia, Bd. 16, Bremen 1989, 173-175.

- Schmolze, Gerhard, Sein Jesus paßte vielen nicht. Zum Tode des Bremer Theologen und Philosophen Hermann Raschke, in: Bremer Nachrichten, 5.9.1970, Bremen 1970.

- Seelmann-Eggebert, U., Süddeutscher Rundfunk, Sendung vom 8.2.1957, Neue Bücher zu religiösen Fragen. Hermann Raschke: „Das Christus-Mysterium", Wiedergeburt des Christentums aus dem Geiste der Gnosis. Verlag Carl Schünemann, Bremen, Heidelberg / Mannheim 1957.

- Ulrich, Peter, Pastor Hermann Raschke zum einhundertsten Geburtstag am 20. Oktober 1997, Bremerhaven 1997.

- Werner, Wilhelm, Protestant der letzten Konsequenz. Pastor i. R. Hermann Raschke zum Gedächtnis, 3. September 1970, Bremerhaven 1970.

- Wesseling, Klaus-Gunther, Art: Steudel, in: Biographisch-Bibliographisches Kirchenlexikon, Bd. X (1995), Sp. 1430-1433.

- www.bautz.de/bbkl/s/s4/steudel_f_e.shtml

XXVI. Predigten, Reden, Vorträge in Kalthoffs Umfeld:

- Burggraf, Julius, Schillers Dichtungen vor der christlichen Gemeinde. 17. Sehnsucht. Die Worte des Wahns. Gottesdienst am Himmelfahrtsfeste, in: ders., Schillerpredigten von Julius Burggrag, Pastor an der Ansgariikirche in Bremen, Jena 1905, 303-325.
- Felden, Emil, Alles oder Nichts! Kanzelreden über Henrik Ibsens Schauspiele, Leipzig 1911.
- Ders., Grundriß eines freien Religionsunterrichtes, Oldenburg / Berlin o.D.
- Ders., Kirche, Religion und Sozialdemokratie. Vortrag gehalten am 2. Juli 1909 im Gewerkschaftshause zu Bremen, München 1909.
- Ders., Kirchlicher Liberalismus und Radikalismus, in: Bremer Flugschriften aus dem Geisteskampf der Gegenwart, hg. von Fr. Steudel und Fr. Lipsius, Heft III, Berlin 1908.
- Ders. (Hg.), Spruchsammlung, Bremen o.D.
- Ders., Wohin gehen wir? Vortrag, gehalten am 16. Juli 1945 im Saalbau zu Pirmasens, Pirmasens 1945.
- Funcke, O., Antwort auf den offenen Brief des Herrn Pastor em. Dr. Moritz Schwalb von Pastor O. Funcke, Dr. theol., Bremen 1900.

- Ders.., Ein ernstes „aber“, in: ders., Seelenkämpfe und Seelenfrieden, Predigten von O. Funcke, Pastor an der Friedenskirche in Bremen, Bremen 1881, 95-113.

- Hartwich, O., Gastpredigt über 1. Mos. 32,26 gehalten in der St. Petri Domkirche zu Bremen am Sonntag, den 11. Oktober 1896 von O. Hartwich, Pastor in Walle bei Bremen. Zum Besten des St. Petri Waisenhauses, Bremen 1896.

- Mauritz, O., Einführungsrede des Pastor prim. Oscar Mauritz und Antrittspredigt des Pastor Erich Pfalzgraf gehalten im St. Petri Dom zu Bremen am Sonntag, den 21. Februar 1915, zum Besten des St. Petri Waisenhauses, Bremen 1915.

- Ders., Konfirmationsfeier im Dom am 17. März 1910, Bremen 1910.

- Ders., Rede des Herrn Pastor Mauritz bei der Confirmation am Freitag, den 6. April 1900 gehalten in der St. Petri Domkirche, Bremen 1900.

- Raschke, Hermann, Abschiedspredigt gehalten am Sonntag Kantate, den 19. Mai 1957, in: ders., Von Kantate zu Kantate, Bremerhaven 1957, 11-24.

- Ders., Andacht am fünften Sonntag nach Trinitatis, am 17. Juli 1960, im Gemeindesaal der Bürgermeister-Smidt-Gedächtniskirche zu Bremerhaven. Was ist der Mensch? Bremerhaven 1960.

- Ders., Zur Andacht. Bremerhaven, 21. Juli 1968: Die göttliche Unruhe treibt zum höheren Christentum durch die vorwärtsschreitende Reformation aus dem protestantischen Geiste, Bremerhaven 1968.

- Ders., Antrittspredigt gehalten am Sonntag Kantate, den 6. Mai 1917, in: ders., Von Kantate zu Kantate, Bremerhaven 1957, 1-10.

- Ders., Das Christusmysterium. Wiedergeburt des Christentums aus dem Geist der Gnosis, Bremen 1954.

- Ders., Das Glaubensbekenntnis von Pastor H. Raschke.

- Ders., Hundert Jahre seit Bürgermeister Johann Smidt. 7.5.1857 – 7.5.1957. Ein Abschiedswort von Pastor Raschke, Bremerhaven 1957.

- Ders., Von Kantate zu Kantate. 1917 – 1957. Zwei Predigten von Pastor Hermann Raschke zum Beginn und zum Abschluß seines vierzigjährigen Dienstes an der Vereinigten Protestantischen Gemeinde zur Bürgermeister-Smidt-Gedächtniskirche Bremerhaven. Reinertrag zum Besten der Gemeindepflege, Bremerhaven 1957.

- Ders., Persönliches Nachwort, in: Der Logos, Bremerhaven 1954.

- Ders., Predigt am 8. Oktober 1961, den 19. Sonntag nach Trinitatis, in der wiederhergestellten Bürgermeister-Smidt-Gedächtniskirche zu Bremerhaven, Bremerhaven 1961.

- Ders., Weihnachten 1947. Botschaft des Friedens, Bremerhaven 1947.
- Ders., Weihnachtsabend 1943 ... und Friede auf Erden, Bremerhaven 1943.
- Schwalb, Moritz, Offener Brief an Herrn Pastor Dr. Otto Funcke in Bremen, Bremen 1900.
- Ders., Die Licht- und Schattenseiten des kirchlichen Christenthums. Vortrag gehalten im Protestantenverein zu Bremen von M. Schwalb, Dr. theol., Prediger an der reformirten Kirche St. Martini zu Bremen, Bremen 1882.
- Ders., Menschenverehrung und Menschenvergötterung. Vortrag gehalten im Local des Bremer Protestantenvereins von Moritz Schwalb, Dr. theol., Prediger an der reformirten Kirche St. Martini zu Bremen. Leipzig 1889.
- Ders., Unsere Moral und die Moral Jesu. Kanzelreden gehalten von Moritz Schwalb, Dr. theol., Prediger an der reformirten Kirche St. Martini zu Bremen. Omne ignotum pro magnifico est. Für herrlich gilt das Unbekannte. Tacitus, Leipzig 1891.
- Ders., Predigten gehalten von Dr. M. Schwalb, reformirtem Prediger zu St. Martini in Bremen, Bremen 1869.
- Ders., Rückschau auf eine sechsundzwanzigjährige Amtsthätigkeit. Achtzehn Kanzelreden gehalten von Moritz Schwalb, Dr. theol.

Verhaßt ist mir wie die Pforten der Hölle der Mann, der etwas anderes spricht, als was er im Busen verbirgt. (Ilias IX.), Bremen 1894.

- Ders., Ein Wort über Religionsunterricht und religiöse Erziehung gesprochen am 31. Januar 1892 von Moritz Schwalb, Dr. theol., Prediger an der reformirten Kirche St. Martini in Bremen, Bremen 1892.

- Ders., Religiöse Zeitfragen. 1. Bd.: Sieben Kanzelreden und ein Vortrag gehalten von Moritz Schwalb, Dr. theol., Prediger an der reformirten Kirche St. Martini zu Bremen. Ein Religionmachen von oben bleibt immer bedenklich und gefährlich. Es erzeugt immer Schein und Unwahrheit (W. Hönig), Bremen 1892.

- Ders., Religiöse Zeitfragen. 2. Bd.: Gesammelte Aufsätze von Moritz Schwalb, Dr. theol., Prediger an der reformirten Kirche St. Martini zu Bremen. Furgar vice cotis, actutum Reddere quae ferrum valet, expers ipsa secandi. Den Dienst eines Schleifsteins will ich tun. Vermag er auch nicht zu schneiden, so schärfet er doch den Stahl. (Horaz), Bremen 1893.

- Steudel, Friedrich, Das Amt des modernen Predigers. Reden gehalten bei der Einführung von Pastor E. Felden in St. Martini zu Bremen von Fr. Steudel und E. Felden, zum Besten der St. Martini-Gemeindepflege, Bremen 1907.

- Ders., Geschichte der Christlichen Religion im Abriss. Für die Hand der Schüler bearbeitet von Fr. Steudel, Pastor an St. Remberti zu Bremen, Bremen 1901.

- Ders., Im Kampf um die Christusmythe. Eine Auseinandersetzung insbesondere mit J. Weiß, P.W. Schmiedel, A. Harnack, Chwolson, Jena 1910.

- Ders., Lebensfreude. Religiöse Reden für Denkende und Suchende, Bremen 1901.

- Ders., Leitworte zu unserer religiösen Welt- und Lebens-Auffassung. Für seine Konfirmanden zusammengestellt von Fr. Steudel, Pastor an St. Remberti, Bremen 1918.

- Ders. (Hg.), Mitteilungen des Elternbundes für Schulreform, 1. Jg., Nr. 3, Bremen 1909.

- Ders., Eine protestantenvereinliche „Tat", in: Das Blaubuch, Jg. 1, Nr. 38, Berlin 1906, 1477-1486.

- Thikötter, Julius, Von der christlichen Pflicht, die Wahrheit des Evangeliums zu begründen. Predigt von Pastor em. D. Julius Thikötter über 1. Petri 3,15 gehalten in der Kirche zu U.L Frauen am 23. Sonntage nach Trinitatis, Bremen 1901.

- Weingart, Pastor Weingarts Antrittspredigt in Borgfeld, 5. Oktober 1902, von ihm auf Wunsch herausgegeben. Seinen alten Getreuen in Osnabrück und seiner lieben neuen Gemeinde zum Gruss, Bremen 1902.

- Weiß, Bruno, Einführung von Pastor Friedrich Steudel durch Pastor Dr. B. Weiß in der St. Rembertikirche zu Bremen am 9. Mai 1897, Bremen 1897.

- Zauleck, P., Weihnacht. Wozu der Heiland kam, in: ders., Vom lieben Heiland. Kinderpredigten für alle Sonn- und Festtage des Kirchenjahres mit Liedern und Gebeten, 1. Bd.: Die festliche Hälfte des Kirchenjahres, Gütersloh 1914, 32-38.

Printed by Books on Demand GmbH, Norderstedt / Germany